図解入門
ビジネス

Shuwasystem Business Guide Book　How-nual

最新 ネット広告の基本と仕組みがすべてわかる本

広告配信を支えるIT技術入門

佐藤　和明　著

秀和システム

●注意
(1) 本書は著者が独自に調査した結果を出版したものです。
(2) 本書は内容について万全を期して作成いたしましたが、万一、ご不審な点や誤り、記載漏れなどお気付きの点がありましたら、出版元まで書面にてご連絡ください。
(3) 本書の内容に関して運用した結果の影響については、上記 (2) 項にかかわらず責任を負いかねます。あらかじめご了承ください。
(4) 本書の全部または一部について、出版元から文書による承諾を得ずに複製することは禁じられています。
(5) 本書に記載されているホームページのアドレスなどは、予告なく変更されることがあります。
(6) 商標
本書に記載されている会社名、商品名などは一般に各社の商標または登録商標です。なお、本文中にはTM、®を明記しておりません。

はじめに

　Webメディアにネット広告が表示されるたびに、その裏ではミリ秒単位で広告枠の競争入札が行われています。入札を希望する広告主は、ネット広告のターゲットとなるユーザーのセグメントや掲載基準、入札価格などをあらかじめ設定しておき、Webメディアが閲覧させるたびに、広告枠の競争入札が行われ、最も高く入札した広告主のネット広告が配信されます。この仕組みがリアルタイム入札というアドテクノロジーです。

　私ごとですが、本書『図解入門 最新ネットがすべてわかる本』で4冊目となるネット広告の本を執筆させていただきました。思えば、1冊目を執筆した時は、純広と検索連動型広告が主流の時代でした。そして2冊目の時は、モバイル広告がめざましく伸びていた時期で、アドテクノロジーに関する話題はアドネットワークに関連するものとして、わずかに1節分だけでした。しかし、今やアドテクノロジーからアドエクスチェンジへ進化し、様々な広告枠の売買がミリ秒単位で行われています。3冊目の執筆時点から4年以上も経過しているので当然のことですが、今やアドテクノロジーはさらに進化するでしょう。

　進化したのはアドテクノロジーだけではありません。今や、通称ガラケーと言われるフィーチャーフォンからスマホへと端末は移り変わり、タブレットも登場してデバイスの種類は多種多様です。デバイスの種類が多岐にわたることで、ネット広告の種類も莫大に増え続けています。

　このように日々の進歩が著しいネット広告ですが、2019年3月現在で、最新の情報をわかりやすくまとめてみました。本書がネット広告の基本を学びたい方の入門書として役立てていただければ幸いです。

　最後になりますが、本書を刊行するにあたり、お世話になった多くの方々にお礼を申し上げます。

佐藤 和明

図解入門ビジネス
最新 ネット広告 の基本と仕組みがすべてわかる本

CONTENTS

はじめに 3

第1章 ネット広告とは何か？

1-1 ネット広告の基本的な4つのポイント 8
1-2 ユーザー動向とネット広告戦略 24
1-3 ネット広告の市場 41
1-4 ネット広告の歴史 45
1-5 ネット広告のプレイヤー 52
1-6 ネット広告の活用の基本知識 61
1-7 ネット広告を取り巻く法律 67

第2章 アドテクノロジーの仕組み

2-1 アドテクノロジーの登場 80
2-2 アドサーバーとアドネットワーク 86
2-3 アドネットワークを連携させたアドエクスチェンジ 91
2-4 広告の効率性を高めるDSPとSSP 94
2-5 メディアをチェックする3PAS（第三者配信） 98
2-6 様々な個人情報を取得するCookie 100
2-7 広告詐欺を撃退するアドベリフィケーション 104

2-8　広告主とメディアを限定するPMP 108

第3章　ネット広告の種類と仕組み

3-1　ネット広告の種類 112
3-2　バナー広告 120
コラム　固定型バナーとローテション型バナー 124
3-3　リッチメディア広告 128
3-4　動画広告 132
3-5　テキスト広告 137
3-6　SEMと検索連動型広告 139
3-7　コンテンツ連動型広告 146
3-8　アフィリエイト広告 148
3-9　商品リスト広告 150
3-10　メール型広告 154
3-11　RSS広告 160
3-12　ゲーム内広告 165
3-13　ネイティブ広告 168
コラム　インターネット視聴率の調査方法は？ 174

第4章　スマホ広告とSNS広告の種類と仕組み

4-1　スマホ広告の概要 176
4-2　リワード広告 178
4-3　インライン広告とオーバーレイ広告 180
4-4　アプリ内広告 182
4-5　プッシュ通知とO2O集客アプリ 186
4-6　SNS広告（ソーシャルメディア広告） 188

4-7	動画系SNS広告	192
4-8	Twitter広告	194
4-9	Facebook広告	196
コラム	Webブランディングとは何か？	200

第5章 ネット広告出稿の流れと効果測定

5-1	ネット広告出稿前のプランニング	202
5-2	ネット広告を出稿する	209
5-3	ネット広告の効果を測定するアトリビューション	217
5-4	おさえておきたいアクセスログ解析の基本	224
5-5	ネット広告での効果測定指標	233
5-6	アクセスログ解析で覚えておきたい用語	239
5-7	知っておきたいその他のマーケティング知識	242

索引 246

第1章

ネット広告とは何か？

　私たちは、毎日どこかで広告を目にしています。テレビや新聞、雑誌、ラジオなどの4大メディアはもちろん、パソコンやスマホのネットサーフィンに、アプリ上でも目に入ってくるのが広告です。本章では、パソコンやスマホで目にする「ネット広告とは何か？」をテーマに、基本機能や市場、歴史などを俯瞰しつつ解説していきます。

1-1 ネット広告の基本的な4つのポイント

　ネット広告は、4大メディアであるテレビ、新聞、ラジオ、雑誌の広告と、大きく異なるポイントが4つあります。それは、「低予算」「ターゲティング」「効果測定」「インタラクティブ性」です。最初に4つのポイントを解説していきます。

▶▶ 注目されるネット広告の基本的な特徴

　ネット広告には様々な種類があり、技術的な仕組みなども知っておかなければなりませんが、まず最初に押さえておきたいのが、ネット広告の4大ポイントです。
　4大ポイントの基本的な特徴について解説していきます。

●Point1 低予算

　ネット広告の特徴で、特筆すべきポイントは**低予算**です。4大メディアの時代には、零細企業の広告出稿といえば、新聞の折込チラシが定番でした。しかし、デジタル時代には、後に解説する検索連動型広告など、低予算で出稿することができるネット広告が登場しました。
　大げさな話ではなく、1日の予算を数千円から始めることができ、ある程度の知識を身に付ければ、自分で広告を出稿することができます。4大メディアの広告のように、広告代理店に発注しなくても、広告を出稿できる点もネット広告の特徴といえるでしょう。

●Point2 ターゲティング

　ターゲティングとは、端的にいえば「自社のターゲットとする潜在的顧客に対して、セグメントを細分化して広告を配信すること」です。「30代〜40代」「男性」「新橋付近に勤務している」のように、**生活者**＊のセグメント（属性）を細かく設定して、限定的に配信できる機能です。
　テレビの場合は、スポンサーとなっている番組を視聴している生活者を対象に、CMで商品やサービスを伝えます。例えば、30代〜50代の男女に人気の番組に、

＊**生活者**　多様な価値観を持って、多様な生活行動をする者のこと。

30代の女性向けの化粧品のCMが放映されることがままあります。このCMは、40代～50代の女性や、男性には無関係となります。

このようなケースは、4大メディアでは常に発生していますが、ネット広告は異なります。「年齢」「性別」「居住地域」「職業」などのセグメント、そしてインターネット閲覧履歴や行動履歴、興味関心を分析した結果からも、広告出稿が可能なのです。また、検索連動型広告では、自社の商品やサービスに関連したキーワードでも広告を出稿することができます。

● **Point3 効果測定**

効果測定とは、広告出稿後に生活者が広告を見て、どれだけの効果があったのかを測定する方法です。ネット広告の場合は、生活者がWebサイトにアクセスし、購買や資料請求をするなど、様々な目標があると思いますが、この目標を達成したか否かを測定するのです。

ネット広告では、目標を**コンバージョン**といいます。コンバージョンは日本語で「成約」という意味があります。ネット広告では、コンバージョンを上げるために、出稿方法を自動的に設定し、効果的に配信を行うこともできます。これも4大メディアの広告にはない機能ですが、どの広告に効果があったのかを、広告管理ツールでつぶさに測定できるのがネット広告の大きな特徴なのです。

● **Point4 インタラクティブ性**

ネット広告の効果測定は、即座に効果が理解できるという点で、**インタラクティブ性**の高さを表しています。しかし、ネット広告のインタラクティブ性は、効果測定のみならず、ネット広告本体に何らかの仕掛けを作り、生活者の能動的アクションに反応するように作成することも含まれます。

インタラクティブは、「双方向」や「対話式」という意味があります。4大メディアの広告には、双方向もしくは対話的な広告はあるでしょうか。答えは、もちろん「NO」です。

ネット広告は、4大メディア広告にはないインタラクティブ性があることも大きなポイントであり、特徴なのです。

1-1 ネット広告の基本的な4つのポイント

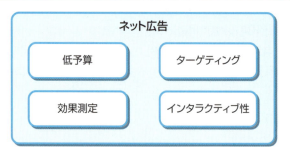

▶▶ 資金潤沢な大手企業向けネット広告

　ネット広告と一言で言っても様々な種類があります。そのため、出稿価格も様々、つまりピンからキリまであるのです。ネット広告の種類は、本書で解説していきますが、ここではピンとキリの代表的な価格から紹介していきましょう。

　まず高価格のネット広告を紹介すると、Yahoo!やmsnなどの大手ポータルサイトサイトの**バナー広告**が挙げられます。例えば、Yahoo! Japanの「Yahoo!プレミアム広告」は、トップページをはじめ、検索やニュースなどのページに広告掲載をすることが可能です。画像はもちろん、動画などを活用した広告に対応し、様々な広告フォーマットに対応しています。

　Yahoo! マーケティングソリューションでは「Yahoo! JAPAN 媒体資料」の最新版が、次ページに記したURLからダウンロード可能です。また、広告価格は、Yahoo!プロモーション広告の「ネット広告の料金体系」に掲載されています。Yahoo! JAPANを事例に広告料を算定してみましょう。

　「ネット広告の料金体系」のページには、「枠掲載型」「インプレッション保証型」「クリック課金型」の広告紹介がされています。各広告の詳細は、後に解説しますが、ここではインプレッション保証型で解説していきます。

　インプレッションとは、様々な広告掲載の指標がある中で、1つ広告の露出（掲載）回数を表す指標となります。インプレッションの場合は、顧客がWebサイトに訪問してきた際に、広告が1回表示されると1インプレッションになります。「1imps」や「1imp」と略されて表示され、どちらも同じ意味となります。

Yahoo! JAPANのインプレッション保証型広告は、1週間で1,250万円〜と高額です。ターゲットとする生活者に合わせたブランディングを行う広告なので、大手企業などが活用しています。広告紹介ページには「○○回インプレッションが発生する（広告が表示される）まで広告が掲載され続けるという料金システム」と掲載されていますが、この「○○回」が大きなポイントとなります。

　「○○回」には、10回などの回数はなく、例えば、「5,000万回を1週間以内」といった設定が想定されます。この場合、1回のインプレッションは、0.25円となります。1回の表示回数に対する価格は、高額ではありませんが、1週間で1,250万円〜という広告料金が高額であることは理解できると思います。

Yahoo! マーケティングソリューション「Yahoo! JAPAN 媒体資料」

URL　http://yahoojp-marketing.tumblr.com/post/181256801058/20181220?sc_i=msctoptopic01

1-1 ネット広告の基本的な4つのポイント

> **Yahoo!プロモーション広告「ネット広告の料金体系」**

URL https://promotionalads.yahoo.co.jp/netad/price.html

▶▶ 低予算で出稿できるネット広告

　高額な広告料金を聞いてしまうと、「ネット広告が低予算で出稿できる」ことが嘘のように感じられます。インプレッションの単価が安くても、全体の広告費が高くては困るはずです。そこで思い出してもらいたいのが、Yahoo!プロモーション広告の「ネット広告の料金体系」に掲載されていた「クリック課金型」です。

　クリック課金型広告は、後で詳しく解説しますが、1クリックごとに課金される広告です。別名を**PPC広告**ともいいます。PPCとは「Pay Per Click」の略で、代表例が「検索連動型広告」です。

　検索連動型広告には、Yahoo! JAPANの**Yahoo!リスティング広告**や**Google AdWords**(グーグルアドワーズ)があります。次ページの画像は、Yahoo!リスティング広告とGoogle AdWordsの検索連動型広告です。どちらのページも、ヘッダーとフッターに検索連

1-1 ネット広告の基本的な4つのポイント

動型広告が表示される仕組みになっています。

　検索連動型広告は、生活者が検索する際に使用するキーワードと、広告主が検索連動型広告出稿時に設定したキーワードが合致すると、検索結果と同時に表示されます。検索連動型広告は、大手ポータルサイトのバナー広告のように、インプレッションで広告料金が課金されるのではありません。例えば、ターゲットとする生活者が「ホテル 新橋」と検索した場合、合致したキーワードで出稿している広告主の広告が表示されます。

　生活者が複数表示されている広告のどれかをクリックすると、クリックされた広告主は課金されますが、その他の広告主は「広告表示されていたが、広告料金が発生しない」ことになります。

Yahoo! JAPANでの検索結果（ヘッダー）

検索連動型広告

Yahoo! JAPANでの検索結果

通常の検索結果（自然検索・オーガニック）

1-1 ネット広告の基本的な4つのポイント

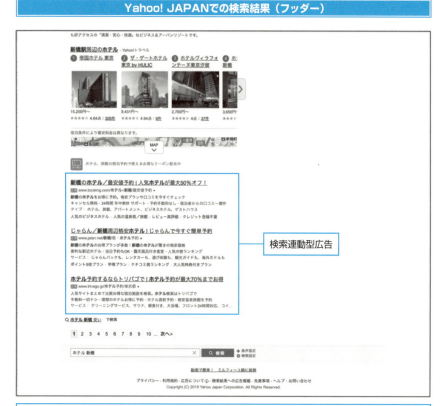

Yahoo! JAPANでの検索結果をヘッダーとフッダーで紹介しています。Google AdWordsでの検索結果でも同様にヘッダーとフッターに検索連動型広告が表示されます。ご存知の通り、Yahoo! JAPANはGoogleの検索エンジンを利用していますが、広告のシステムは独自システムとなっています

　ちなみに広告ではない部分は、「自然検索」もしくは「オーガニック」ともいいます。生活者が広告をクリックせずに、自然検索のページをクリックした場合は、表示されたどの広告主にも広告料金は発生しません。

　気になる広告料金ですが、生活者がクリックするごとに課金されるため、**クリック単価**と呼ばれています。クリック単価は、選択したキーワードによって料金が異なります。人気のあるキーワードは1クリックの単価が高く、人気のないキーワードは低くなります。出稿時に選択したキーワードによって料金が異なるという特徴があります。

詳細は後述しますが、１クリックの最低料金は、数円から十数円で設定できることもあります。月換算すると、数千円の広告費で、ネット広告を運用することも可能なのです。
　クリック課金型広告は、生活者が広告をクリックし、広告料金が発生したと同時に、広告からリンクを貼った自社のWebサイト内ページへアクセスがあるので、コストパフォーマンスに優れた広告ともいえるのです。
　次ページの画像は、Google AdWordsで提供している**キーワードプランナー**の画面です。自らがカフェを経営していると想定して「駒込　焙煎コーヒー」のキーワードで、見積りと生活者の検索状況を調査した画面です。
　「カフェのある場所＋一押し商品」でのキーワードがリストで表示されず、ほかの候補が表示され、検索された回数を示す検索ボリュームなども表示されます。これらの見方は割愛しますが、着目したい点は「掲載された広告の入札単価」です。低額帯と高額帯があり、低額帯でソートすると、１クリック・６円が最低価格で、カフェ経営者に関連のあるキーワードで「駒込＋ランチ」で１９円、「駒込＋グルメ」でも１３円となっています。
　このように検索連動型広告は、低予算で広告出稿ができます。もちろん、地名や業態など様々なキーワードが存在し、その組み合わせによって単価が異なります。ただし、クリックされなければ広告料金が発生せず、クリックされても数十円から数百円単位であることがクリック課金型であり、ネット広告の特徴であるといえます。

1-1 ネット広告の基本的な４つのポイント

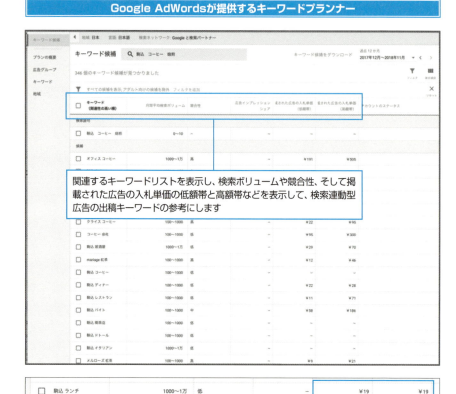

Google AdWordsが提供するキーワードプランナー

関連するキーワードリストを表示し、検索ボリュームや競合性、そして掲載された広告の入札単価の低額帯と高額帯などを表示して、検索連動型広告の出稿キーワードの参考にします

掲載された広告の入札単価の低額帯（左）と高額帯（右）で、キーワードによって異なることが理解できます

▶▶ ４大メディアよりも明確なターゲティングが可能

　ネット広告は、４大メディアよりも細分化した**ターゲティング**ができるのも特徴です。ターゲティングとは、事業者が広告を出稿するメディアの生活者をセグメンテーション化し、自社の業態に適合した標的市場となるメディアを選定し、出稿する方法です。

出稿メディアをターゲティングできていなければ、「自社の製品やサービスの展開のための指針」がないことになります。例えば、最近流行のタブレットを収納できる機能的なカバンを製造しているメーカーで考えてみましょう。製品のデザインは、ファッショナブルであるため、4大メディアでは、ファッション誌とパソコン情報誌を媒体のターゲットとしました。このメディア選定は、標的市場と合致しているため、問題はないと思います。しかし、ファッション誌の読者すべてが、タブレット用のカバンに関心があるとは限りません。また、パソコン情報誌も同様です。

テレビ、新聞、雑誌、ラジオの4大メディアの広告は、メディア側から一方的に広告の情報を受け手に送るため、雑誌の読者のように、関心のある読者と無関心な読者の両方に広告の情報が伝わります。男性がテレビで化粧品のコマーシャルを見るのと同じで、無関心な人に広告情報が伝わり、取りこぼしが多いのが、4大メディアの広告といえます。

一方、ネット広告の場合は、「取りこぼし」が少ないといえます。前述したキーワードで出稿する検索連動型広告の場合、明らかな意図を持って検索する生活者がほとんどです。例えば、「タブレット　カバン」などのキーワードを入力する生活者は、タブレット用のカバンに関心があることは明確です。購入を希望している、あるいは何らかの製品情報を探しているため、それらの生活者に訴求できる広告といえるのです。

キーワードでのターゲティングが行える検索連動型広告を例にしましたが、このほかのネット広告でもターゲティングが可能です。そして、ターゲティングの手法としては、自社のターゲットのセグメントとなる生活者に合わせて、「時間」「エリア」、そして「ユーザー行動」などが指定可能です。

時間と**エリア**では、ターゲットとなる生活者がネット広告を見そうな時間帯と地域を指定する方法です。また、**デモグラフィック**は、「性別」「年齢」「学歴」などの個人のセグメント情報で絞り込んで広告を出稿する方法となります。これらの機能だけでも、ターゲットとしている潜在顧客へアプローチが容易であることが理解できます。

さらに**ユーザー行動**でも、潜在顧客へアプローチが可能です。ユーザー行動にもとづく広告は、**行動ターゲティング広告**ともいわれ、生活者がアクセスしたWebサイトの履歴を元に表示されるネット広告です。**追跡型広告**や**リターゲティング広告**ともいわれますが、大手ポータルサイトの場合は、ポータルサイト内でのアクセス

1-1 ネット広告の基本的な4つのポイント

履歴や購買履歴などを活用して広告を表示させることもあります。

　また、詳細は後ほど解説しますが、一般の行動ターゲティングでは、ブラウザの履歴機能の参照やCookieの利用によって、生活者の行動を把握して広告を表示させています。ただし、個人のプライバシー問題もあるため、しばしば論争が起きているのも事実です。

　問題がある部分もありますが、ネット広告は、4大メディアの広告よりもターゲティングの機能が発達しているため、潜在顧客へのアプローチが容易であるといえます。

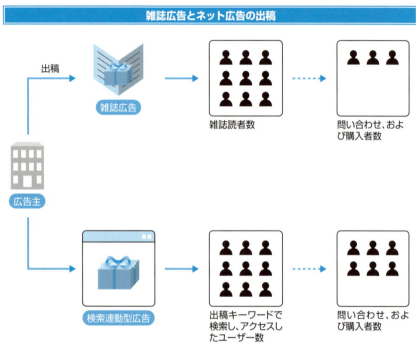

※イラストの人は、読者および検索ユーザーの数値をイメージ

ネット広告のターゲティング特性のまとめ	
特性	特徴
時間	時間帯を指定して、広告を出稿できる
エリア	ターゲットが居住する地域を限定して、広告を出稿できる
デモグラフィック	グラフィック性別や年齢などの属性を指定して、ターゲティングも可能
ユーザー行動	やや問題があり、論争もあるが、ユーザー行動の履歴から広告を表示できる

▶▶ インタラクティブ性が高いネット広告

　ネット広告は「インタラクティブ性が高く、効果測定が簡単だ」といわれても、ピンと来ない方もいると思います。そこでインタラクティブ性について、改めて解説しておきましょう。

　前述したように**インタラクティブ**は、「対話」や「双方向」といった意味で使われます。ネット広告の場合は、生活者がパソコンやスマホの画面を見ながら、広告をクリックすることで、単に目的のWebサイトへ移動するのではなく、何らかのアクションを起こす広告がインタラクティブ性のある広告です。

　次ページの画面は、インタラクティブ広告の1つである**エクスパンド広告**の例です。Yahoo! JapanのADギャラリーには、サンプルのエクスパンド広告が掲載されており、サンプルの広告に、マウスカーソルを合わせると広告が拡大します。

　広告が拡大した領域には、キャンペーンムービーが再生されるようになっています。また、エクスパンド広告の領域をクリックすると、キャンペーンサイトへ移動します。

　エクスパンド広告は、生活者の気を引き、定形のバナー広告へマウスカーソルを移動させると、広告がブラウザ上に拡大表示され、そこでさらなる商品やキャンペーン等の説明を行い、最終的にWebサイトへ誘導するものです。4大メディアにはない、ネット広告ならではのインタラクティブ性があるのです。

1-1　ネット広告の基本的な４つのポイント

インタラクティブ性が高いネット広告

Yahoo! JAPANのADギャラリーに紹介されているエクスパンド広告。広告にマウスのカーソルを買わせると拡大する

▶▶ 日進月歩のネット技術でさらにインタラクティブ性が向上

　インタラクティブ性が高いといっても、生活者にクリックしてもらわなければ広告の効果がありません。言わずもがなという感じもしますが、ネット技術の向上で、生活者に関心を持ってもらう広告技術も日々、インタラクティブ性を向上させつつ、登場しています。その代表例であり、今までの広告よりも斬新なネット広告技術が**RICOH 360 for Ad**といえるでしょう。

　RICOH 360 for Adは、その名の通り、バナー広告の画像が360度回転する広告です。RICOH 360 for AdのWebサイトで体験できますが、この広告の作成を可能とするのが、写真や動画を360度ワンタッチで撮影できる「RICOH THETA（シータ）」というデジタルカメラです。このようなハードウェアの向上で、インタラクティブ性が高まっているのです。

　製品紹介ページにもありますが、クリック率だけでなく、広告の目的達成のコスト面でも効果がある広告制作のツールともいえるのです。

1-1 ネット広告の基本的な4つのポイント

　ネット広告のインタラクティブ性や、その最新技術動向などを解説してきましたが、さらにネット広告のインタラクティブ性を顕著に表しているのが、アクセスログでの効果測定です。こちらも紹介していきましょう。

リコー「360°広告」のサイト

リコー「360°広告」のサイトにあるギャラリーでの「360°広告」のサンプル。社内の画像を360°撮影することで、車内をぐるっと見渡せるようになっている

URL https://360ad.ricoh/

▶▶ インタラクティブ性で広告の素早い効果測定

　広告の効果測定は、4大メディアとネット広告のどちらが簡単かというと、ネット広告であるといっても過言ではありません。なぜなら、アクセスログ解析ツールだけでなく、広告レポート機能などの活用により、出稿したネット広告の費用対効果がほぼリアルタイムで計測できるからです。

　広告の効果を測定する場合、顧客にアンケートをお願いすることが多くあります。4大メディアに出稿する広告費は高額ですが、アンケートの実施は、実際の広告費

1-1　ネット広告の基本的な４つのポイント

プラスαで、人件費等でさらにコストがかかります。**ROI***の分母が、４大メディアへの広告出稿では、大きくなってしまうのです。

　ROIは投資した資本、ここでは広告費となりますが、広告費に対して得られる利益の割合を示したものです。計算式は、次の通りです。

$$ROI(\%) = 利益 \div 投資額 \times 100$$

　高額な広告費も投資に見合った利益が得られなければ、意味がありません。アンケート結果は、出稿した広告の費用対効果を判断するとても重要な指標となりますが、この投資金額が４大メディアの場合、さらに大きくなるのです。ネット広告の場合は、ROIの分母が小さく、ITを活用することでコストダウンが可能となり、明確な数値が弾き出されます。

　その数値を弾き出すのが、前述した**アクセスログ解析ツール**です。例えば、リスティング広告のGoogle AdWordsへコストパフォーマンスの高いネット広告を出稿したとします。Google AdWordsはもちろん有料ですが、Google AdWordsと連動したアクセスログ解析ツールの**Google Analytics**（グーグル アナリティクス）は、無料で利用できます。

　無料といえども、Google Analyticsは高性能なアクセスログ解析ツールで、広告全体の表示回数とクリック数、かかった費用などの項目を割り出せます。さらに、キーワード別の解析結果が表示され、「効果のあるキーワード」「効果の低いキーワード」を確認できます。これらはGoogle Analyticsの持つ機能のごく一部にすぎませんが、Google AdWordsへ出稿すると、Google Analyticsで無料のROI分析が実現できるというわけです。

　リスティング広告は低コストで出稿できるネット広告ですが、ネット広告の代表的存在であるバナー広告でも出稿のコストパフォーマンスを得られます。一般的に、バナー広告を出稿する場合、メディアレップといわれるネット広告代理店に出稿を依頼します。バナー広告のデザイン制作から、出稿の手はずまで整えてくれるのですが、ROIなどの広告出稿のデータ分析に関してもレポートとしてメディアレップが報告してくれる仕組みになっています。

　また近年では、ネット広告が成果を挙げたか否かを分析する方法として、後述する**3PAS（第三者配信）**や**アトリビューション**が登場しました。

\＊ **ROI**　Return On Investmentの略。「投資利益率」と訳される。投資した資本に対して得られた利益の割合を示す。

特にアトリビューションは、アクセスログ解析とは異なり、ネット広告を見て購入するという直接的なコンバージョンだけでなく、間接的なコンバージョンも含めて、コンバージョンに至る広告の成果を評価する分析手法として注目されています。

ちなみに間接的なコンバージョンとは、ある生活者にアドネットワークで配信しているディスプレイ広告（バナー広告）が表示されたが、その時にはアクションがなかったものの、別のルートでコンバージョンがあったというパターンです。

3PAS（第三者配信）については、この後の「2-5 メディアをチェックする3PAS（第三者配信）」、アトリビューションについては「5-3 ネット広告の効果を測定するアトリビューション」で解説いたします。

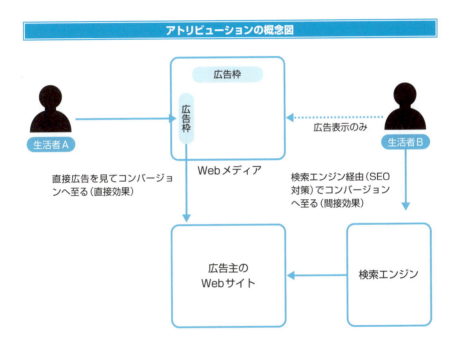

アトリビューションの概念図

1-2 ユーザー動向とネット広告戦略

ソーシャルメディア（SNS）の登場と利用者の拡大により、インターネットは生活に欠かせないメディアとなりました。4大メディアと対比しながら、ネット広告が注目されるされる背景を紐解き、広告戦略の基本的な考え方も解説していきましょう。

▶▶ インターネット普及の背景と利用者数

　株式会社ジャストシステムは、「モバイル＆ソーシャルメディア月次定点調査（2018年10月度）」において、『「最も信頼できるコンテンツ」を配信していると思うメディア』をリサーチしています。調査結果では、1位は「テレビ（22.2％）」、2位は「インターネット（21.5％）」、3位は「新聞（20.7％）」との結果になっています。ややテレビが上位であるものの、歴史が浅いにも関わらず、インターネットはメディアとして、十分に地位を確立しています。

　ネット広告の歴史的な背景は、後述するとして、インターネットが一般家庭に広く普及し、メディアとして影響力を持ち出した大きな要因は、Windows 95の登場によってインターネットへの接続が容易になったことがきっかけです。ただし、その時代の接続は、電話回線を使ったダイヤルアップでした。プロバイダのアクセスポイントへ電話をかけ、従量制で電話料金を支払っていたのです。中には、数万円も電話料金を支払うというケースもあり、ネット接続はほかのメディアよりも割高でした。

　しかし、2000年くらいから始まったインターネットのブロードバンド化によって通信速度は高速になり、通信料金の定額制となりました。時を同じくして、携帯電話もNTT Docomoのi-modeなどで、モバイルインターネット接続が可能となり、2003年よりパケット定額制が導入され、パソコンと同じく通信料金を気にせずにネット接続が可能となりました。

　このインターネットの定額化により、ネットユーザー数も増加し、総務省の「平成29年通信利用動向調査」では、13歳〜59歳の年齢層でネット利用が9割を超えているとの調査結果が公報されています。4大メディアの新聞と比べてみると、インターネットの普及率がどれだけ勢いのあるものかがわかります。

1-2 ユーザー動向とネット広告戦略

　マイボイスコム株式会社が2018年11月1日～5日までインターネット調査を行った「新聞の利用（第6回）」では、「ニュースの情報を得る手段（複数回答）」の質問に対し、ニュースの情報を得る手段は「テレビ番組」が7割弱、「ヤフーなどポータルサイトのニュースサイト・アプリ」「新聞（紙の紙面）」が各5～6割となっています。

　世代別等で見ると、男性10～40代では「ヤフーなどポータルサイトのニュースサイト・アプリ」がテレビを上回り、1位です。高年代層は「新聞（紙の紙面）」「テレビ番組」など、10～20代は「ニュースアプリ（SmartNews、LINE NEWS、グノシーなど）」、そして「SNS（Twitter、Facebookなど）」の比率が高くなっています。

　ネット広告を出稿する場合には、インターネットの普及率と、4大メディアの1つである新聞との世代属性の違いをまずは理解しておきましょう。

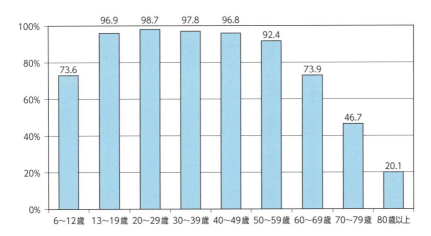

出典 総務省「平成29年通信利用動向調査」
URL http://www.soumu.go.jp/johotsusintokei/statistics/data/180525_1.pdf

1-2 ユーザー動向とネット広告戦略

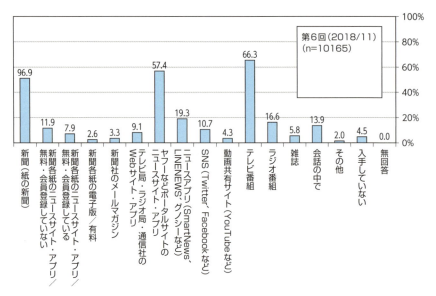

出典 ニュースの情報を得る手段「新聞の利用に関するアンケート調査（第6回）」

出典 総務省「平成29年通信利用動向調査」
URL http://www.soumu.go.jp/johotsusintokei/whitepaper/ja/h29/html/nc262120.html

▶▶ 4大メディアとインターネットの利用時間と広告

　ネットユーザー数が増加する中、4大メディアの1つである新聞の購読者が減少傾向にあり、情報を得るメディアに変化が見られます。インターネットの利用時間が増え、4大メディアの利用時間が減少している等々のユーザー動向が気になります。

　総務省発行の「平成30年度版情報通信白書」に「主なメディアの平均利用時間と行為者率」では、雑誌を除く4大メディアとネットの利用時間の調査結果が掲載されています。これを参考に解説しましょう。

　「主なメディアの平均利用時間と行為者率」のデータは、平日と休日に分けて調査しています。また、2013年から17年までの5年間のデータとなっています。全世代の各メディア利用時間を対比してみると、テレビがやや減少、テレビ録画、新聞購読がやや減少気味に横ばい、これに対してネット利用は約1.5倍に伸びています。ネット利用の時間が長くなっていることが伺えますが、ここで着目したいのが、年代別の利用時間です。

　10代では、インターネット利用時間がテレビに勝り、20代でもインターネット利用時間が勝っています。2013年の時点では、テレビの視聴時間とほぼ拮抗していたのですが、2017年の時点でインターネットが上回っているのが特徴です。

　一方、年齢層が上がるにつれて、雑誌を除いた4大メディア利用時間と行為者率が増加していることがわかります。そして、反比例するようにインターネット利用時間が下がります。このように、世代ごとに、利用時間と行為者率が異なる現状があるのです。

　ネット広告の出稿も、このデータから推察しつつ、出稿していかなければなりません。筆者がある外国のバレエ団公演のサイト運営とプロモーションをお手伝いした時も、前回公演の客層と共に、このデータを裏付けに、プロモーション先のメディアなどを選定していきました。

　この例でいうと、客層は50～60代中心、さらに上の70代を含めると、これらの年代が60%であり、30～40代は30%程度とのことでした。そのため、新聞広告を中心に行い、ネット広告はSNSの興味関心でバレエや海外演舞に関心がある30～40代の女性をターゲティングし、集客に成功しました。

1-2 ユーザー動向とネット広告戦略

主なメディアの利用時間と行為者率

平日1日		平均利用時間（単位：分）			
		テレビ（リアルタイム）視聴	テレビ（録画）	ネット利用	新聞閲読
全年代	2013年	168.3	18.0	77.9	11.8
	2014年	170.6	16.2	83.6	12.1
	2015年	174.3	18.6	90.4	11.6
	2016年	168.0	18.7	99.8	10.3
	2017年	159.4	17.2	100.4	10.2
10代	2013年	102.5	17.9	99.1	0.6
	2014年	91.8	18.6	109.3	0.7
	2015年	95.8	17.1	112.2	0.2
	2016年	89.0	13.4	130.2	0.3
	2017年	73.3	10.6	128.8	0.3
20代	2013年	127.2	18.7	136.7	1.4
	2014年	118.9	13.8	151.3	2.4
	2015年	128.0	15.8	146.9	2.1
	2016年	112.8	17.9	155.9	1.4
	2017年	91.8	13.9	161.4	1.4
30代	2013年	157.6	18.3	87.8	5.8
	2014年	151.6	15.6	87.6	4.1
	2015年	142.4	20.3	105.3	3.5
	2016年	147.5	18.6	115.3	3.8
	2017年	121.6	15.3	120.4	3.5
40代	2013年	143.4	13.3	70.0	8.6
	2014年	169.5	14.2	82.5	9.3
	2015年	152.3	15.8	93.5	8.8
	2016年	160.5	23.2	97.7	8.0
	2017年	150.3	19.8	108.3	6.3
50代	2013年	176.7	20.3	61.8	18.6
	2014年	180.2	18.4	68.0	16.3
	2015年	219.8	18.6	74.7	17.0
	2016年	180.6	17.0	85.5	14.4
	2017年	202.0	19.1	77.1	16.3
60代	2013年	257.0	19.8	36.7	28.0
	2014年	256.4	17.8	32.2	31.3
	2015年	257.6	22.6	35.7	29.6
	2016年	259.2	18.4	46.6	25.8
	2017年	252.9	20.0	38.1	25.9

1-2 ユーザー動向とネット広告戦略

	行為者率（％）					
ラジオ聴取	テレビ（リアルタイム）視聴	テレビ（録画）	ネット利用	新聞閲読	ラジオ聴取
15.9	84.5%	17.4%	70.1%	33.8%	7.3%
16.7	85.5%	16.8%	73.6%	34.3%	9.0%
14.8	85.9%	16.7%	75.7%	33.1%	7.8%
17.2	82.6%	17.8%	73.2%	28.5%	8.3%
10.6	80.8%	15.9%	78.0%	30.8%	6.2%
0.1	75.9%	18.7%	78.8%	3.6%	0.4%
0.2	73.6%	18.6%	81.4%	3.6%	1.4%
2.6	75.9%	16.5%	83.8%	2.9%	2.9%
3.5	69.3%	13.2%	78.9%	2.1%	2.1%
1.5	60.4%	13.7%	88.5%	3.6%	1.4%
3.6	74.7%	16.4%	90.6%	9.2%	2.2%
9.4	72.4%	15.4%	91.0%	12.0%	3.8%
6.4	77.4%	13.0%	91.6%	10.3%	5.3%
16.8	70.3%	18.9%	92.6%	6.7%	5.8%
2.0	63.7%	14.4%	95.1%	7.4%	3.0%
17.7	83.2%	18.9%	88.5%	25.3%	7.0%
5.4	86.7%	17.3%	87.7%	21.9%	5.7%
15.3	80.5%	18.9%	90.7%	19.3%	6.4%
15.4	79.8%	18.7%	88.4%	18.2%	5.1%
4.3	76.5%	15.5%	90.6%	16.6%	2.3%
22.6	83.1%	15.4%	76.7%	34.6%	8.3%
19.4	87.5%	17.8%	80.7%	37.1%	8.3%
13.7	86.5%	16.6%	85.3%	34.2%	6.5%
17.2	86.4%	23.3%	78.4%	27.8%	9.3%
12.0	83.0%	17.3%	83.5%	28.3%	7.9%
20.2	91.4%	17.4%	60.5%	51.0%	10.4%
13.5	90.0%	17.3%	69.4%	51.2%	8.6%
10.7	92.8%	15.8%	68.5%	48.8%	8.0%
19.8	86.9%	14.8%	68.5%	41.0%	8.5%
19.5	91.7%	16.1%	76.6%	48.1%	9.1%
20.5	92.5%	18.0%	34.8%	58.7%	11.2%
40.3	93.7%	15.2%	40.5%	59.5%	20.5%
30.6	95.2%	18.3%	43.0%	62.0%	14.5%
23.4	92.2%	15.0%	41.7%	55.4%	14.7%
17.3	94.2%	16.6%	45.6%	59.9%	9.5%

第1章 ネット広告とは何か？

1-2　ユーザー動向とネット広告戦略

休日1日		平均利用時間（単位：分）			
		テレビ（リアルタイム）視聴	テレビ（録画）	ネット利用	新聞閲読
全年代	2013年	225.4	30.5	86.1	13.5
	2014年	228.9	30.5	100.6	14.2
	2015年	231.2	33.9	113.7	13.0
	2016年	225.1	32.9	120.7	11.9
	2017年	214.0	27.2	123.0	12.2
10代	2013年	140.7	40.1	151.7	0.5
	2014年	147.4	45.0	180.5	4.1
	2015年	155.8	30.6	221.3	0.4
	2016年	122.9	25.9	225.7	0.9
	2017年	120.5	20.6	212.5	0.5
20代	2013年	170.7	35.7	170.3	1.7
	2014年	161.4	24.4	194.9	2.8
	2015年	155.4	34.6	210.0	2.0
	2016年	152.7	26.0	216.1	3.2
	2017年	120.3	26.6	228.8	2.4
30代	2013年	221.0	23.7	93.8	6.7
	2014年	197.5	35.2	101.7	4.9
	2015年	197.1	36.9	131.3	5.1
	2016年	202.5	34.8	119.5	3.9
	2017年	166.9	26.4	136.0	3.8
40代	2013年	204.3	28.3	73.3	11.6
	2014年	233.9	28.8	82.9	12.5
	2015年	208.6	34.9	91.9	9.8
	2016年	222.4	48.1	117.1	10.1
	2017年	213.3	31.6	109.2	7.6
50代	2013年	254.2	38.3	50.0	19.3
	2014年	265.3	37.8	73.7	19.1
	2015年	300.1	35.7	70.4	18.0
	2016年	250.4	29.7	80.1	15.6
	2017年	265.7	30.8	82.4	16.1
60代	2013年	305.7	24.0	29.3	31.8
	2014年	310.3	19.6	33.5	33.4
	2015年	317.1	29.7	37.1	33.2
	2016年	325.1	26.7	43.3	28.9
	2017年	320.7	23.6	44.6	33.0

出典　総務省「平成29年情報通信白書」
URL　http://www.soumu.go.jp/johotsusintokei/whitepaper/ja/h30/html/nd252510.html

1-2 ユーザー動向とネット広告戦略

	行為者率（％）					
ラジオ聴取	テレビ（リアルタイム）視聴	テレビ（録画）	ネット利用	新聞閲読	ラジオ聴取	
7.0	86.1%	23.5%	69.8%	35.9%	4.9%
12.2	86.9%	23.7%	72.1%	36.5%	6.5%
11.9	86.6%	24.5%	74.2%	34.9%	6.7%
7.4	85.7%	25.1%	73.8%	30.3%	4.8%
5.6	83.3%	22.2%	78.4%	30.7%	4.5%
0.4	75.5%	32.4%	80.6%	5.0%	0.7%
1.3	75.7%	34.3%	83.6%	6.4%	0.7%
0.6	74.1%	25.2%	88.5%	3.6%	0.7%
0.5	77.1%	23.6%	84.3%	3.6%	1.4%
3.6	66.2%	19.4%	92.1%	3.6%	1.4%
0.4	77.1%	26.5%	93.7%	8.5%	1.3%
3.4	73.3%	20.8%	88.7%	11.8%	2.3%
4.4	79.9%	24.7%	91.8%	9.1%	4.1%
8.9	74.2%	23.5%	94.9%	8.3%	3.2%
2.9	67.6%	24.5%	97.7%	7.9%	2.3%
2.6	87.1%	20.6%	86.4%	27.3%	2.8%
3.1	86.8%	26.3%	86.8%	18.9%	3.6%
9.2	85.1%	26.2%	92.4%	20.0%	4.7%
3.2	85.0%	24.7%	86.9%	18.4%	2.2%
2.8	79.4%	21.8%	90.5%	14.1%	1.9%
11.8	84.5%	24.3%	78.7%	37.5%	4.7%
9.6	90.4%	26.7%	78.2%	41.6%	4.3%
5.9	85.5%	27.7%	80.0%	34.2%	3.5%
4.5	86.3%	34.2%	80.8%	32.3%	4.2%
4.7	83.8%	25.2%	84.4%	29.6%	5.0%
10.0	91.8%	25.4%	56.3%	52.7%	7.4%
14.3	91.8%	22.7%	66.3%	54.5%	8.6%
11.3	93.4%	24.5%	65.0%	53.7%	7.0%
8.4	90.4%	24.6%	65.0%	42.3%	4.2%
7.4	93.4%	23.3%	73.3%	44.6%	5.8%
11.9	93.7%	17.7%	34.0%	63.0%	9.3%
33.2	94.3%	16.0%	39.3%	64.7%	15.3%
31.7	94.0%	19.3%	40.0%	66.7%	16.3%
15.5	93.7%	18.5%	42.6%	56.4%	10.9%
10.2	96.7%	18.1%	46.1%	62.8%	7.9%

言うまでもありませんが、新聞は、高齢層の女性だけをターゲットとしている媒体ではないのですが、平均利用時間と行為者率からいうと、プロモーションは十分です。

　しかし、30～40代の女性はフォローできない可能性もあるため、SNS広告のターゲティング機能を使い、これらの年代へアピールしたのです。

　年代のメディア利用率を知ることも、ネット広告のみならず、広告出稿には重要です。自らの顧客の利用率等を考慮して、広告出稿をしましょう。

▶▶ 4大メディアとインターネットの利用時間帯と広告

　次に利用時間帯を確認してみましょう。次ページの図は平日と休日のメディア利用時間帯です。

　平日の「ネット利用」の時間帯は、朝昼夜3回のピークがあります。通勤、お昼休み、帰宅途中もしくは帰宅後であると思われます。

　テレビの朝晩の大きなピークとは異なり、昼間は「ネット利用」の方が多いのも特徴です。新聞やラジオは、新聞の朝刊を読む一般的な習慣と同じく、朝にピークを迎え、ラジオは、ほぼ常に横ばい状態です。

　ネット広告は、属性などのターゲティング設定だけでなく、広告出稿時に広告を掲載する時間帯を設定することが可能です。広告掲載時間は、業態によって様々だと思いますが、ネット利用の時間帯を参考に出稿することで、広告の効果を上げることができます。

　飲食店の場合、平日のランチ前からランチ時間帯、そして夕方の終業時間帯前後など、地域を絞ったターゲティングとともに潜在的な生活者へリーチすることも可能なのです。

　例えば、居酒屋の場合、ランチの定食セットのネット広告を午前11時から午後1時までの時間帯、かつ店舗から1km以内を設定し、「和食　ランチ」「刺身　ランチ」などのキーワードで検索連動型広告へ出稿する手法です。同じく、夜も時間帯と店舗からの距離、そしてキーワードで出稿する手法が考えられます。

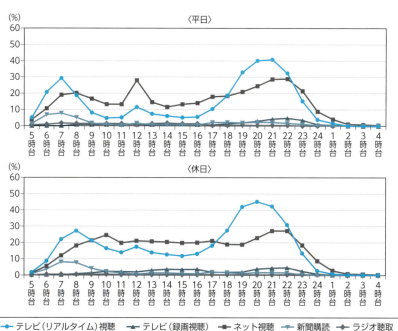

出典 総務省「平成30年度版情報通信白書」
URL http://www.soumu.go.jp/johotsusintokei/whitepaper/ja/h25/html/nc243270.html

▶▶ 「ながら視聴」と4大メディア広告からWebサイトへの誘導

　誰でも経験があると思いますが、テレビを見ている途中で、気になる情報を番組から得て、その確認などのため、検索する行動を「ながら視聴」といいます。タレント名を調べたり、紹介されたお店の確認、さらには紹介された商品を検索して、購買行動へ至るケースもあります。また、テレビCMの中には、「続きはWebへ」と表示するとともに、検索キーワードをCM内に掲示し、Webサイトへ誘導しています。このようなCM手法からも、「ながら視聴」は一般化しています。

　少し古いデータですが、総務省の「平成29年情報通信メディアの利用時間と情報行動に関する調査」による平日のデータが次ページの図です。ながら視聴をする

1-2 ユーザー動向とネット広告戦略

時間帯を年齢属性とともに折れ線グラフにしています。

　若年層ほど「ながら視聴」の割合が高い傾向があり、10代では30%から40%超、20代についても30%弱から40%超となっており、ゴールデンタイム以降に検索行為率が高まっています。

　テレビCMからWebサイトへ誘導する広告施策を考えている場合には、年齢属性とともに、検索行為率からCM枠を決定するのも1つの手といえます。また、テレビではなく、雑誌広告、新聞広告、ラジオ広告などの4大メディアからWebサイトへ誘導する広告が増えています。Webサイトへの誘導目的であれば、ネット広告のみならず、ほかのメディアへの広告からも導線を導くことができるのです。

　ちなみに、低予算でWebサイトへの導線を導く場合、地域のフリーマガジンやコミュニティFMなどの活用も考えられます。また、地域のポータルサイトへのネット広告も有効といえるでしょう。

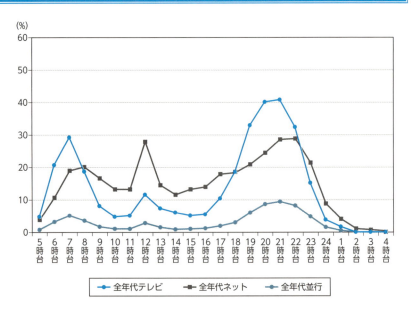

「テレビ（リアルタイム）視聴」にネットの「ながら視聴」が占める割合

出典　総務省「平成29年情報通信メディアの利用時間と情報行動に関する調査報告書」
URL　http://www.soumu.go.jp/main_content/000564529.pdf

▶▶ ネット接続の利用端末チェックも重要

　インターネット上の広告には、様々な種類があります。本書では、これらを解説していくのですが、その前にネット接続の利用端末がどのような状況であるかを把握しておくことも重要です。なぜなら、ターゲットとなる生活者の年齢属性と同様に、ネット接続に利用している端末を知り、出稿するネット広告のタイプを選定して、効率よく効果を上げることができるからです。

　前出の情報通信白書には、次ページの図のように、年齢属性とともに、モバイル端末、パソコン、タブレットごとの利用時間、そして各端末のアクセスの行為者率が調査されています。利用時間では、前述したデータと同じように、年齢属性で10代、20代はともにケータイ電話でのネット接続が多く、30代でほぼ拮抗、そして40代から逆転して、パソコンでのネット接続が多くなる結果になっています。

　しかし、インターネットへのアクセス行為率でいうと、どの世代でもモバイル端末からのアクセスが多い状況です。50代、60代でパソコンでのネット接続に近づくものの、ケータイ電話でのアクセス利用がどの年齢属性での高いのです。あくまでも仮説ですが、何かを調べる時は、モバイル端末で行う行動が推測されます。何かを検索する場合にモバイル端末を活用しているとした場合、検索連動型広告などはモバイル端末向けに出稿、ターゲットの年齢属性によっては、パソコン向けも同時に出稿するという施策も考えられます。

　モバイル端末でのアクセス行為率から、全体的に検索行動が主であると考えた場合、自らのビジネスターゲットとなる生活者の年齢属性や端末などの一部のデータを閲覧し、仮説を立てる。そして、確証を得るために、さらに異なるデータを閲覧して、広告出稿の施策を考えるのも、広告出稿前に必要な業務といえます。

　ここまでは、情報通信白書のデータを元に、様々なネット接続における現状を解説してきましたが、自らのターゲットを明確化して、データなどをチェックし、データから仮説を立てて、さらに仮説を検証することで、明確な広告出稿の施策が具現化できます。

　次ページの「平成30年度版情報通信白書」の「機器別のインターネット利用時間と行為者率」を見ると、総じてモバイル端末が優勢です。自社の商材やサービスとマッチした端末は何か。そして、アプローチするセグメンテーションがどのような端末を活用しているかなど、自社の対象となる潜在的な生活者の消費行動を推察しつつ、広告出稿の施策を考えましょう。

1-2 ユーザー動向とネット広告戦略

機器別のインターネット利用時間と行為者率

平日1日		ネット利用 平均利用時間（単位：分）		
		PC	モバイル	タブレット
全年代	2013年	34.1	43.2	3.2
	2014年	30.9	50.5	3.5
	2015年	35.0	53.8	4.2
	2016年	35.5	61.3	6.3
	2017年	33.5	64.7	5.3
10代	2013年	17.4	81.7	4.7
	2014年	14.3	86.6	7.4
	2015年	14.0	94.7	4.7
	2016年	15.2	108.2	12.5
	2017年	8.5	114.9	6.3
20代	2013年	48.6	91.3	2.2
	2014年	44.3	106.5	4.3
	2015年	43.0	103.7	8.6
	2016年	31.4	124.8	6.0
	2017年	43.9	114.7	6.3
30代	2013年	28.1	57.0	3.2
	2014年	27.3	57.0	4.3
	2015年	36.9	65.3	5.4
	2016年	44.1	67.3	6.5
	2017年	43.5	75.7	6.3
40代	2013年	40.6	29.7	3.8
	2014年	38.5	42.4	3.1
	2015年	43.7	51.2	3.0
	2016年	35.3	58.7	8.2
	2017年	46.0	63.5	4.5
50代	2013年	37.4	20.9	4.2
	2014年	33.5	33.2	3.1
	2015年	40.0	31.5	3.3
	2016年	44.6	38.1	5.0
	2017年	30.2	43.3	6.4
60代	2013年	27.6	8.6	1.8
	2014年	22.2	9.1	1.3
	2015年	24.0	9.7	1.9
	2016年	32.8	11.7	2.4
	2017年	18.3	16.0	3.0

1-2 ユーザー動向とネット広告戦略

第1章 ネット広告とは何か？

ネット利用行為者率（%）		
PC	モバイル	タブレット
28.9%	59.9%	4.2%
28.5%	62.9%	5.0%
28.7%	65.6%	6.1%
25.5%	63.2%	7.4%
25.3%	69.3%	7.2%
19.8%	66.9%	5.0%
13.9%	71.1%	7.9%
15.1%	72.7%	7.6%
12.5%	67.5%	11.8%
8.6%	78.8%	7.2%
31.2%	85.2%	2.9%
29.4%	86.4%	5.0%
28.5%	87.9%	5.5%
23.5%	88.5%	5.3%
27.5%	90.3%	7.9%
31.6%	82.9%	5.2%
28.1%	80.6%	6.0%
33.3%	82.9%	6.9%
25.5%	81.8%	9.6%
30.7%	84.9%	8.0%
35.3%	64.0%	5.4%
34.7%	67.3%	4.3%
33.5%	76.5%	5.6%
27.6%	70.8%	9.7%
27.6%	75.2%	7.0%
32.4%	48.0%	4.7%
34.5%	57.1%	5.3%
32.1%	55.8%	6.2%
33.3%	55.6%	6.9%
31.2%	66.1%	8.1%
19.3%	22.0%	2.2%
23.5%	25.5%	3.2%
22.8%	27.3%	5.3%
24.1%	25.2%	3.1%
19.4%	32.9%	5.3%

1-2 ユーザー動向とネット広告戦略

休日1日		ネット利用 平均利用時間（単位：分）		
		PC	モバイル	タブレット
全年代	2013年	29.6	53.7	4.7
	2014年	28.9	68.5	5.4
	2015年	28.9	80.6	6.6
	2016年	27.7	87.3	7.9
	2017年	26.2	88.6	9.1
10代	2013年	21.4	126.4	13.6
	2014年	32.5	140.9	13.1
	2015年	42.3	172.1	10.3
	2016年	15.6	192.7	20.5
	2017年	26.3	172.3	17.3
20代	2013年	48.5	123.1	3.0
	2014年	52.3	142.7	7.3
	2015年	40.8	166.0	11.5
	2016年	43.0	174.7	6.5
	2017年	42.9	179.8	10.9
30代	2013年	29.0	60.6	5.0
	2014年	16.7	78.1	6.6
	2015年	31.5	93.3	9.9
	2016年	20.3	95.5	7.2
	2017年	26.7	97.8	12.9
40代	2013年	33.9	36.6	4.8
	2014年	24.7	53.3	3.7
	2015年	19.5	69.3	3.7
	2016年	27.9	79.8	8.3
	2017年	24.8	77.0	5.8
50代	2013年	26.7	19.3	3.0
	2014年	32.5	42.6	3.1
	2015年	29.1	37.7	5.0
	2016年	34.1	40.3	7.5
	2017年	20.5	51.8	8.5
60代	2013年	18.0	7.9	2.9
	2014年	22.7	8.5	3.0
	2015年	21.2	12.6	2.7
	2016年	23.3	16.6	3.4
	2017年	20.0	21.2	4.6

出典 総務省「平成30年度版情報通信白書」
URL http://www.soumu.go.jp/johotsusintokei/whitepaper/ja/h30/html/nd252530.html

1-2 ユーザー動向とネット広告戦略

	ネット利用行為者率 (%)		
	PC	モバイル	タブレット
	24.9%	59.3%	4.8%
	23.1%	63.5%	6.0%
	23.1%	65.3%	7.1%
	22.0%	63.8%	8.1%
	18.9%	70.3%	7.7%
	16.5%	71.9%	10.8%
	15.7%	72.9%	10.0%
	17.3%	76.3%	8.6%
	12.1%	71.4%	12.1%
	13.7%	79.9%	10.8%
	31.4%	87.4%	3.1%
	25.8%	86.9%	5.9%
	21.0%	89.5%	7.3%
	23.5%	92.6%	5.1%
	21.3%	92.6%	7.9%
	27.6%	79.7%	4.5%
	21.7%	80.8%	8.2%
	22.5%	85.5%	9.5%
	18.0%	81.3%	10.1%
	19.5%	85.9%	7.6%
	31.8%	61.8%	5.1%
	23.8%	67.3%	5.6%
	23.9%	73.5%	6.5%
	24.3%	71.2%	9.9%
	19.3%	74.8%	7.2%
	23.0%	45.3%	4.7%
	28.6%	58.8%	4.7%
	30.7%	53.3%	6.6%
	29.2%	51.2%	8.8%
	19.0%	66.3%	7.4%
	16.0%	22.3%	3.3%
	20.7%	25.7%	3.7%
	20.7%	25.7%	5.0%
	20.5%	27.4%	4.3%
	18.8%	35.5%	7.2%

第1章 ネット広告とは何か？

広告出稿前の戦略策定方法

　総務省の情報通信白書などのデータから、ネット利用状況等を概説してきました。情報通信白書だけでなく、様々な統計データから自らの業態に合ったデータを探し、ネット広告出稿の戦略を策定しなければいけません。ここで簡単にネット広告の戦略策定の手順を説明していきましょう。

　最初に重要なのが、ターゲットの明確化です。ターゲットを明確にしなければ、出稿先も曖昧になってしまいます。潜在的な生活者をペルソナ設定し、消費行動を「行動」、「思考」、「感情」、「施策」を時系列で購買までの経緯をまとめる**カスタマージャーニーマップ**を作成するのも1つの手です。そこで、広告の果たす役割などを考えます。

　そして、本節で解説したような白書などを活用してさらに、広告出稿への仮説を考察して、カスタマージャーニーマップへ書き込み、再度検証し、最終的なネット広告の出稿戦略を策定します。

　カスタマージャーニーマップは、広告出稿に関するトピックだけでなく、SNS等の顧客との接点についても書き込んで作成できます。そのため、すべてのプロモーション等の施策を俯瞰して見ることができるだけでなく、潜在的な生活者の立場からも考察できます。客観的にプロモーション活動が見ることができるためにも有用といえるでしょう。

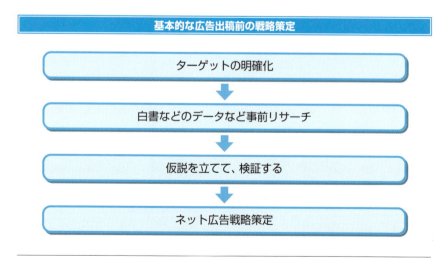

基本的な広告出稿前の戦略策定

ターゲットの明確化
↓
白書などのデータなど事前リサーチ
↓
仮説を立てて、検証する
↓
ネット広告戦略策定

1-3 ネット広告の市場

インターネットを利用する生活者の動向や広告戦略の基本的な部分を簡単に解説しましたが、ここからはネット広告の市場がどのような動きをしているのか、そして、4大メディアと対比して、どのようなポジションにいるのかなど、ネット広告の市場を確認していきましょう。

▶▶ 5年連続で躍進しているネット広告費

　2019年1月、政府は2002年2月から2008年3月まで続いた「いざなみ景気」の6年1ヶ月を超え、6年2ヶ月連続で景気が拡大していると発表しました。本稿を執筆している2019年3月も景気拡大していると考えられますが、2019年2月末に電通が発表した「2018年 日本の広告費」でも景気拡大の広告への影響が示されています。

　2018年の1月から12月の4大メディア、ネット広告を含めた総広告費は、前年の2017年比102.2%の6兆5300億円で、2012年以来、7年連続で前年実績を上回まわったと発表しています。日本の景気拡大の指標と比例した広告市場の実績となっています。

　拡大を続ける広告市場ですが、中でも目を引くのが、ネット広告費です。2016年は約1.3兆円、2017年は約1.5兆円と市場規模を拡大してきましたが、2018年には約1.75兆円と前年比で116.5%の伸びとなっています。2016年からみても、前年比で2ケタ成長していますが、5年連続の2ケタの伸び率とのことです。ネット広告の活用が今や当たり前の時代となった証左ともいえます。

　一方、新聞、雑誌、テレビ、ラジオの4大マスコミの広告費は、前年比96.7%の2兆7026億円と低迷しています。一番の落ち込みを見せたのが、雑誌の前年比91.0%、続いて新聞の前年比92.9%となっています。ネットラジオの影響か否かはわかりませんが、ラジオが前年比99.1%となっています。そして、テレビですが、地上波と衛星メディア関連を合わせたテレビが98.2%となっており、こちらも減少しています。

　ちなみに「2018年 日本の広告費」からは、「マスコミ4媒体のデジタル広告枠」

1-3　ネット広告の市場

が追加されています。これはネット広告の内訳として追加された項目ですが、「マスコミ4媒体事業者などが独自に提供するインターネットサービスにおける広告費である」と説明されています。

　生活者が4大マスコミ、Webメディアなどを横断的に利用していることは、総務省のデータからも明らかですが、様々なデータからターゲットとなる生活者の重要なコンタクトポイントとなるメディアへ広告出稿をしていこうという考えから登場した項目です。本レポートでは、「統合ソリューション」が深化しているといえるとしていますが、後に解説するクロスメディアをさらに進化させて、生活者へ自社の製品やサービスを訴求していかなければならないのです。

　「マスコミ4媒体のデジタル広告枠」は、これから伸びると評されています。ちなみに現状は、「マスコミ4媒体のデジタル広告枠」は、ネット広告費の3%程度で、中でも雑誌デジタルが検討していることが、次ページの図から理解できます。従来の4大メディアを重要視する世代、そしてクロスメディアの進化であるともいえる総合ソリューションからも期待できる広告出稿先なのかもしれません。

マスコミ4媒体由来のデジタル広告費

	2018年（平成30年）広告費（億円）
インターネット広告費	17589
うちマスコミ4媒体由来のデジタル広告費	582
新聞デジタル	132
雑誌デジタル	337
ラジオデジタル	8
テレビメディアデジタル	105
テレビメディア関連動画広告	101

出典　2018年 日本の広告費

1-3 ネット広告の市場

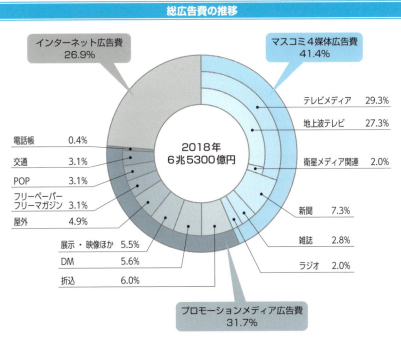

出典 2018年 日本の広告費

▶▶ 2018年のインターネット広告現状と今後

　電通の「2018年　日本の広告費」では、「マスコミ4媒体由来のデジタル広告費」が追加されましたが、さらに資料をベースに解説していきましょう。ちなみに、インターネット広告費は、「インターネット広告媒体費＋制作費」として計算され、制作費を除くインターネット広告媒体費は、1兆4,480億円で、前年比で118.6％となっています。

　インターネット広告媒体費のうち、主流となるのは、運用型広告費です。後にも解説しますが、**運用型広告**は、検索連動型広告やコンテンツ連動型広告などアドテクノロジーを活用した広告出稿の手法です。この運用型広告は、1兆1,518億円と前年比122.5％であり、インターネット広告媒体費の80％を占めています。広告出稿は、運用型広告がメインと考えておくと良いでしょう。

　残りの20％近くの広告は、**予約型広告**と**成果報酬型**の取引手法です。予約型広告

1-3 ネット広告の市場

は、**枠売り広告**や**純広告**などと呼ばれる場合もあり、前述したYahoo! JAPANのトップページの広告枠などの取引手法です。成果報酬型は、後述しますが、**アフィリエイト広告**とも呼ばれる広告の取引手法となります。これらの広告で、20％を占めていることになります。

インターネット広告費媒体費の伸びに比例し、大規模プラットフォーマーを中心に高い成長率となったこともレポートされています。また、自社プラットフォームを保有するメディアも運用型広告の機能拡充に力を入れたことも挙げられているため、今後も運用型広告は伸びていくことは明白ともいえます。

ただし、2018年に注目されたアドフラウド問題への対処などを含め、広告業界全体に高いコンプライアンス意識が求められているとしています。アドフラウド問題は、ふるさと納税の自治体広告が公序良俗に反するWebサイトに掲載されていたなど、不適切な広告枠への運用型広告が配信されるケースですが、今後の改善として注目されます。また、本レポートでの市場に算入されていませんが、AIスピーカーなどの新たなコンタクトポイント、そしてAmazonなどのECメディアの広告市場も急速に成長しており、今後の動向が注目されているとのことです。

出典 電通報 日本の広告費 No.6「2018年 日本の広告費」解説—日本の広告市場は前年比102.2％、7年連続のプラス成長
URL https://dentsu-ho.com/articles/6500

1-4 ネット広告の歴史

　Windows95が登場する前のWindows3.1の時代に、インターネットにアクセスすると、アメリカのYahoo!ですらネット広告を見かけることはありませんでした。黎明期のネット広告から歴史を振り返りながら、現在の動向や業界の動きなどを解説していきましょう。

▶▶ 最古のネット広告と業界団体

　黎明期のインターネットは、生活者の認知度を高めるため、無料のWebサイトなどが多く、テストケースで雑誌などの紙媒体のインターネット版として、情報を発信しているケースが多数存在しました。クレジットカード決済の課金システムも存在しましたが、紙媒体のインターネット移植版は、課金システムを導入しないケースがほとんどでした。そこで、収益を上げるビジネスモデルとして現実的な手段だったのが、ネット広告です。

　最初のネット広告は、1994年にアメリカの「ホットワイアード」創刊時に掲載されたAT&T社の**バナー広告**であるといわれています。シンプルなテキスト広告よりも先にバナー広告が登場していたのです。

　当時のバナー広告のサイズは、横が468ピクセル、縦が60ピクセルの「468×60」というサイズで、画像形式はGIFのバナーでした。動画のような動きのあるバナー広告は、GIFアニメーションで作られていたのです。今から四半世紀も前の話ですが、この広告を機に、各社がバナー広告をホットワイアードに出稿するようになりました。

　当時は、広告主や広告代理店がメディアへ直接広告を出稿する方法でした。この手法で出稿する広告を純広告といいます。現在でも純広告で出稿するパターンは存在しますが、のちに解説するアドテクノロジーの進化により、広告の出稿方法や配信方法が劇的に変化していきます。

1-4 ネット広告の歴史

世界最古のバナー広告

RYAN SINGEL 10.27.10 07:00 AM
OCT. 27, 1994: WEB GIVES BIRTH TO BANNER ADS
Have you ever clicked your mouse right HERE? → YOU WILL

下記のURLで詳細を英文で読むことができます

出典 Oct. 27, 1994: Web Gives Birth to Banner Ads
URL https://www.wired.com/2010/10/1027hotwired-banner-ads/

ネット広告の業界団体が誕生

　ネット広告を出稿するのにも、それぞれのネットメディアによって、バナー広告のサイズが異なる事象も発生しかねません。そこで、アメリカではインターネットにおける広告のガイドラインの規約を定めるために、1996年4月に**IAC**＊を設立しました。Windows 95が登場した翌年で、PC業界では時の寵児であったマイクロソフト社やインフォシーク社などが設立に関わっています。

　その後、IACを元に1996年4月、**IAB**（Internet Advertising Bureau）が設立され、2001年4月には「Internet」を「Interactive」に変更し、現在の**IAB**（Interactive Advertising Bureau）に至っています。

　このような変遷を経て、現在もネット広告の概念や広告取引の標準化が進められ、メディアと広告主をつなぐ広告代理店の業界団体である**AAAA**＊とIABは、**StandardTerms and Conditions for Internet Advertising**（ネット広告の基本規約）を発行しました。

　次ページのURLからも「StandardTerms and Conditions for Internet Advertising」は、ダウンロードすることができます。現在は、バージョン3.0となっており、2009年が最終となっています。アメリカのネット広告の基本規約ですので、日本で広告を出稿する場合には、資料として参考にしてください。

＊ **IAC**　Internet Advertising Councilの略。
＊ **AAAA**　American Association of Advertising Agenciesの略。

1-4　ネット広告の歴史

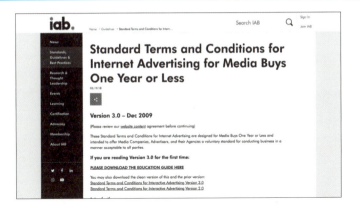

出典 IBA
URL https://www.iab.com/guidelines/standard-terms-conditions-internet-advertising-media-buys-one-year-less/

日本におけるネット広告の始まり

　インターネットが誕生したアメリカの話だけでなく、日本に話を移しましょう。1995年11月にWindows 95が発売され、インターネットユーザーも爆発的に増加したことは解説した通りです。そして、ユーザー数の増加に伴い、1996年4月には、ご存知、Yahoo! JAPANがサービスを開始し、同年7月にバナー広告（ディスプレイ広告）の取り扱いを開始しました。これが、日本のネット広告の始まりといえるでしょう。

　そして、Yahoo! JAPANに続き、NTTの「goo」、現在は楽天が運営する「Infoseek」などのポータルサイトも広告掲載を開始しました。また、4大メディア中で、新聞社がWebサイトでの記事情報を発信して、広告掲載を始めました。メールマガジンの発行も相次ぎ、これらと同時期に**メール広告**が登場しました。

　日本では、Windows 95の登場直後から、ネット広告の掲載がYahoo! JAPANで開始されましたが、業界団体は、1999年5月に**ネット広告推進協議会（JIAA**＊**）**が任意団体として発足しました。そして、2010年3月に一般社団法人化、2015年6月に**一般社団法人日本インタラクティブ広告協会**と改称しました。日本初のバナー

＊ **JIAA**　Japan Interactive Advertising Associationの略。

1-4 ネット広告の歴史

広告登場から、約3年後に登場したネット広告業界の団体です。

　一般社団法人日本インタラクティブ広告協会は、インターネットが信頼される広告メディアとして健全に発展していくための課題や環境を整備することを目的としています。

　アメリカから3年遅れで設立された団体ですが、ネット広告の広告倫理から表示サイズ、綱領などをまとめた広告掲載基準ガイドラインなどを作成しています。また、広告主でも参考になる資料なども発行し、Webサイトに掲載しています。優れたインタラクティブ広告を表彰する**東京インタラクティブ・アド・アワード（TIAA**＊**）**を開催するなど、ネット広告市場の健全な発展、社会的信頼の向上のために、多方面にわたる活動を行っています。

　次ページの画像のように、プライバシーなどの問題がある行動ターゲティング広告に関する広告ガイドラインなどを作成し、ネット広告業界に貢献しています。参加会員は、ポータルサイトなどを運営する媒体各社、そして、これら媒体の広告枠を総括した販売窓口ともいえるメディアレップ等が代表的です。詳細は後述しますが、メディアレップは、ネット広告の一次広告代理店といえます。

　このほか、一般の広告代理店やPCのみならずモバイル端末の製造メーカーなど、ネットビジネス関わる企業が参加しているのです。

　広告だけでなく、クチコミなどで顧客と対話する広報活動に関する団体も存在するので、紹介しましょう。クチコミのマーケティング活動を行う広告代理店などが集まり、**WOMマーケティング協議会（WomJ）**を発足させ、クチコミでの広報活動の倫理ルールなどを作成しています。

　例えば、SNSなどで販促で行う投稿は、必ず「PR」などの明示をしたり、金品をもらって記事を投稿する場合には、その旨を明示するようにする**関係性明示の原則**というルールを策定したり、啓発活動をしています。

　関係性明示の原則は、アメリカでは法制化されていますが、日本はこれからという現状です。

＊ **TIAA**　Tokyo Interactive Ad Awardsの略。

1-4 ネット広告の歴史

JIAAのWebサイト

JIAAのサイトには、会員専用のガイドラインが掲載されているほか、一般の方でも閲覧できる。「Viewable Impression広告価値検証調査結果」など、ネット広告業界の現況などを公開している

URL：http://www.jiaa.org/

日本におけるネット広告の変遷

　インターネットが一般化していない時期には、インターネットへ広告を出稿することを躊躇する企業があったことも事実です。「1-2 ユーザー動向とネット広告戦略」でも解説しましたが、ネットユーザーが増えたとはいえ、回線環境も整っていないため、インターネットを利用する生活者は限定的なセグメントでした。その当時、インターネットはメディアという認知度はあったものの、ネット広告を出稿する企業はコンピュータ関連企業が大多数を占め、現在のように様々な企業が広告を出稿している状況ではありませんでした。

1-4　ネット広告の歴史

　1996年7月、Yahoo! JAPANがバナー広告の取り扱いを開始し、その後、様々なポータルサイトなどがバナー広告で収益を得るビジネスモデルで情報を配信するようになりました。そして、このネット広告のビジネスモデルは、しばらく続きます。この間、大きく進化したのが**検索エンジン**のシステムで、一般ユーザーのWebサイトへのアクセスも現在とは大きく異なっていました。

ネット広告の進化

西暦	トピック	詳細
1996年	バナー広告開始	1996年7月、「Yahoo! JAPAN」がバナー広告の取り扱いを開始して、様々なポータルサイトでも取り扱いを開始。メール広告もこの時期に登場している。また、検索エンジンがディレクトリ型からロボット型への移行も開始
2002年	検索連動型広告（リスティング広告）開始	Google Adwordsが、2002年2月からアメリカでサービスを開始し、同年9月に日本でサービスを開始。現在のYahoo!リスティング（旧：Overture）は、同11月よりサービスを開始。アフィリエイト広告なども登場する
2003年	コンテンツ連動型広告（コンテツマッチ広告）開始	広告枠を提供しているWebサイト内の内容などから、広告を配信。Google Adwordsのコンテンツターゲット、そしてOvertureのコンテンツマッチが現在のYahoo!インタレストマッチとなる
2008年	興味関心連動型広告開始	コンテンツ連動型広告が登場し、ブラウザのクッキーなどから、ユーザーの個人的嗜好性を読み取るなどの行動ターゲティングという手法が登場し、Yahoo!インタレストマッチとして、コンテンツマッチに「過去の閲覧履歴」「検索キーワード履歴」などの行動ターゲティングの要素で、広告を表示する
2008年	アドネットワーク広告	1つの広告を複数のWebサイト上の広告を配信する広告ネットワークが登場。このアドネットワークから、新たな配信システムが登場していく
2010年以降	アドテクノロジー時代の到来	アドネットワーク広告から進化し、アドエクスチェンジ、DSP、3PAS（第三者配信）などの広告配信が登場し、配信する広告ネットワークのテクノロジー知識が必要な広告時代となる

1-4 ネット広告の歴史

基本的に当時のYahoo! JAPANなどの検索エンジンに登録されているWebサイトは、カテゴリ分けをして、すべて人の手で登録していました。

このタイプの検索エンジンを**ディレクトリ型検索エンジン**といい、Yahoo! JAPANではネットサーファーと呼ばれるスタッフが、面白いホームページを検索エンジンへ登録していた時代もあったのです。

ちなみに、この当時は、Yahoo! JAPANというホームページを紹介する雑誌が発行されていたり、海外版の電話帳の名前からホームページ用の「イエローページ」も発行されていました。

現在のような検索エンジンが登場したのが、1997年頃です。

キーワードを入力して検索することで、キーワードと合致したWebサイトの一覧を表示する検索エンジンを**ロボット型検索エンジン**といいますが、現在、巨大なシェアを獲得しているGoogleも、1997年頃にサービスをテスト的に開始し、正式な創業は1998年を待つことになります。そして、検索エンジンのユーザーの検索キーワードと合わせて広告を表示する**検索エンジン連動型広告**が2002年に登場し、ネット広告に新たな息吹を与えたのです。

その後、さらにネット広告は進化を続けていきます。

1-5 ネット広告のプレイヤー

　ネット広告業界では、広告出稿先である様々なWebメディア、そしてネット広告を出稿したい広告主が主体ですが、広告を掲載するには、広告代理店、そしてWebメディアの枠を確保することなどを主務とするメディアレップという広告代理店があります。これらの概要などを解説していきましょう。

▶▶ ネット広告と業界団体

　ネット広告の主要4大プレイヤーといえば、広告主、広告代理店、メディアレップ、Webメディア（媒体）です。ご存知の通り、**広告主**は、自社の商品やサービスを世に広めたいために広告を出稿します。テレビ、新聞、雑誌・書籍、ラジオの4大メディアに出稿するか、それともネット広告に出稿するか否かを自らが判断して出稿するケースもあります。しかし、複雑なメディア展開をする場合や、キャンペーンなどを実行する場合は、自社内では手に負えないケースも出てきます。そこで、広告代理店へ広告の出稿を依頼するわけです。後に解説するアドテクノロジー関連企業は、広告代理店やメディアレップに含まれます。

　広告代理店は、広告主の意向に合わせて広告戦略を練っていきます。いわば、広告のコンサルティングを行うのです。当然のことながら、予算と相談しながら出稿先などを決め、広告などを制作していきます。企業の中には、広告制作を含めた独自の広告部門を持っているところもありますが、稀なケースです。ほとんどのケースでは、4大プレイヤーが相互間の業務を行いつつ、広告を出稿していきます。各プレイヤーの役割と作業の流れは、次ページの図のようになります。

　広告主とメディアの架け橋となる広告代理店は、広告主の要望を叶える手段・方法を考え、提案、実現することを主務としますが、広告の制作を請け負うことも多々ありますし、FacebookページやTwitterなどのメディアにおいて、ネット上でのクチコミ戦略をプランニングして、実行する役割なども担っています。

　よくあるケースでは、企業や商品のキャラクターを制作して、それらのキャラクターを活用したプロモーションも行います。地域の「ゆるキャラ」の企業版ともいえるキャラを活用したプロモーションも行います。

インターネットの広告やツールを活用したプロモーションだけでなく、4大メディアや地域のチラシ、タウン情報誌などと連携させたメディアミックス広告戦略などのプランの策定と実践を行う様々なプロモーションも手掛けています。

　メディアレップは、Webサイトの広告枠を確保し、広告代理店のオファーを受けて広告枠を提供するポジションにいます。いわば問屋的な存在であるメディアレップは、各Webメディアの特徴を把握し、広告主のために最適なWebメディアを選定して買い付けすることが業務といえるでしょう。また、インターネットと連動したキャンペーンサイトを構築して、キャンペーンを実施するという作業もこなし、人的に、そして後に解説するアドテクノロジーを活用した広告配信を展開します。

　最後にネット広告を掲載する**Webメディア**ですが、広告収入によって収益を得ているビジネスモデルが多く、自社メディアを使い、どのようにして広告主の要望に応えられるかを考えて、広告枠のスペースを確保・提供していくプランニングをしていきます。どのようにすれば、ネット広告やキャンペーンサイトが広告主にとって有益になるかを考察し、メディアに反映させます。

　4大プレイヤーのそれぞれの役割は、ご理解いただけたと思いますが、アドテクノロジー時代のツールとして、広告主、広告代理店側のツールとして**DSP**が、媒体側のツールとして**SSP**が活用されるようになってきています。

　詳細は後述しますが、広告枠買い付けツールのDSP、媒体における広告収益を最大化させるツールのSSPを通じて、各媒体に一括で広告配信を行っています。人を介さずにPC画面で自動的に広告を配信します。

4大プレイヤーの役割と作業の流れ

広告主 ─依頼／提案→ 広告代理店 ─要請／支援→ メディアレップ ─管理／情報→ Webメディア

DSP ／ SSP

メディアレップと広告代理店の差異

　4大プレイヤーの関係を表した図を見ていると、メディアレップと広告代理店は似た役割をするため、同じ広告代理店ではないかとも思われますが、少々異なります。

　メディアレップは、Webメディアの広告枠管理業務の煩雑さを軽減すること。そして、広告主の広告出稿の目的に応じて、出稿するWebメディアを選定するプランの立案から、広告枠の空スペースの有無、掲載が可能であるか否かを確認して、出稿するWebメディアに発注します。そして、出稿する広告の制作から出稿先のWebメディアへの入稿を行い、出稿した広告の掲載確認、そして掲載した広告に対するレポートの提出など、すべてを担当します。要するにメディアレップに対して直接、ネット広告の出稿を依頼しても構わないわけです。

　そうなるとメディアレップがあれば、広告代理店は不要のように思えますが、ネット広告に限らず、広告にはメディアの枠を持っている代理店と枠を持っていない代理店があります。ネット広告の場合、簡単に言い換えれば、枠を持っている広告代理店がメディアレップで、一次代理店であり、問屋の役割ということになるわけです。

　4大メディアなどでは、例えば新聞に枠を持っているのが一次代理店、それ以下を二次代理店、三次代理店などと呼びます。ネット広告も同じで、枠を持っている代理店はWebメディアに対して枠を埋める役割を担っています。そこで枠を持っていない広告代理店に枠を埋めてもらえるように、営業活動をしてもらうというわけです。

　メディアレップには、大中小と様々な会社がありますが、日本の主要なメディアレップとしては、電通とソフトバンクの合弁企業の**サイバー・コミュニケーションズ**（CCI）があります。1996年にYahoo! JAPANのバナー広告の登場に合わせて設立された日本最古のメディアレップです。このほか、博報堂やアサツーディ・ケイなどが出資している**デジタル・アドバタイジング・コンソーシアム**（DAC）などが代表的なメディアレップです。

　大手のメディアレップは、特定のWebメディアに対して独占的な販売権を所有していることもあり、出稿先によってはメディアレップが限定されることもあります。また、大手ポータルサイトは独自のメディアレップを持ち、広告利益の確保と拡大を狙っています。

1-5 ネット広告のプレイヤー

メディアレップと広告代理店の関係

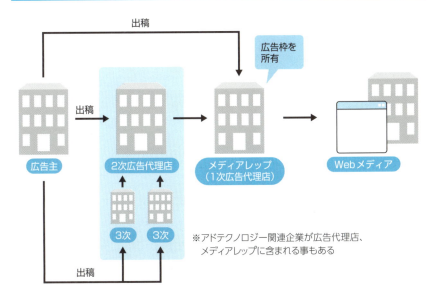

※アドテクノロジー関連企業が広告代理店、メディアレップに含まれる事もある

日本最古かつ最大のメディアレップ「サイバー・コミュニケーションズ」

URL http://www.cci.co.jp/

1-5 ネット広告のプレイヤー

▶▶ アドテクノロジーで進化するメディアレップの役割

　メディアレップは、Webメディアの広告枠を持っている問屋的な存在の広告代理店です。多数存在するWebメディアを一般の広告代理店が把握することは至難の業です。前述した通り、メディアレップはWebメディアの広告枠、広告商品を管理して、広告代理店へそれらを卸売する役割を担っています。

　「1-4 ネット広告の歴史」で簡単に触れたネットテクノロジーの進化によって、ここ数年、その役割が大きく変化しています。今一度、メディアレップの役割を整理しておくと、次のようになります。

- Webメディアの広告枠の管理
- Webメディア広告掲載の販路拡大と支援
- 広告主や代理店へWebメディアと広告枠のマッチング
- 広告枠の価格設定と枠の提供、掲載可否の確認
- 広告クリエイティブのディレクションと管理
- 掲載した広告レポートを広告主や代理店へ提出
- 各Web媒体の広告実績の整理分析
- Web媒体のコンテンツ及び広告枠に関する改善、新規広告のプラン

　メディアレップの役割を大まかに箇条書きにしましたが、メディアレップが登場した1996年当時と比べると、Webメディア、そしてモバイル端末が多様化しました。しかしながら、広告市場は拡大しています。そこで、広告枠を売るのではなく、広告主と広告が掲載されるWebメディア側の双方にメリットのあるような広告を配信できる新たなネットテクノロジーを開発したのです。

　そのテクノロジーの代表例が、先に解説した広告主や広告代理店側のツールの**DSP**とWebメディア側のツールの**SSP**です。その新たなテクノロジーは、複数のWebメディアと広告ネットワークを横断的につなげ、ネット広告を一括管理するとともに、最適な広告を配信するサービスなのです。

　これを**アドテクノロジー**もしくは、略して**アドテク**といいます。その詳細は後述しますが、ネット広告の販売方法として、「枠売り広告等」と「運用型広告」とに分けられ、アドテクを活用した手法が「運用型広告」に該当します。

▶▶ ネット広告を支えるその他のプレイヤー

● Web制作会社

　Webメディアにメディアレップ、そして広告代理店と広告主がメインのプレイヤーですが、このほかにも影でネット広告業界を支えるプレイヤーが存在します。それが、Web制作会社とインターネット視聴率調査会社です。

　ネット広告費の変遷でも紹介したように、ネット広告費の市場拡大とともに広告制作費が伸びてきましたが、この広告の制作を担っている1つの業態が**Web制作会社**です。Web制作会社は、Webサイトの構築だけでなく、ネット広告の制作を担当している会社もあります。

　Web制作会社は、ただ単に見栄えが良く、業態に合ったデザインのWebサイトを制作するだけではありません。もちろんデザインとしての仕事も含まれますが、様々なデバイスに対応して表示させるレスポンシブデザインなどの機能面、そしてWebマーケティングに重要なSEO対策のプランニングなども行います。

　SEOは、「Search Engine Optimization」の略で、日本語では「検索エンジン最適化」といいます。前述した検索エンジンの主流がディレクトリ型からロボット型へと移行し、ロボット型検索エンジンで上位に表示させるための手法です。Webサイト内の各ページのコンテンツをロボット型検索エンジンに最適化することも、Web制作会社の仕事に含まれる場合があります。

　検索エンジン最適化と検索連動型広告を合わせて、検索行動から生活者を誘引する手法を**SEM**＊といいます。日本語では、「検索エンジンマーケティング」といいますが、検索連動型広告と合わせた施策なので、覚えておくとよいでしょう。

　Web制作会社が構築するWebサイトの話に戻りますが、制作を依頼した会社の業態によりターゲットは異なり、老若男女と様々です。それぞれのターゲットに合わせたデザインや**ユーザビリティー**が求められます。ユーザビリティーとは、Webサイトの使い勝手のようなものですが、各ターゲットに合わせてWebサイトを構築し、企業の売上に貢献します。

　制作したWebサイトのデザインに合わせたネット広告の制作も、重要なミッションとなります。例えば、キャンペーンを行った場合、企業のWebサイトとは別にキャンペーンサイトやページを制作することがあります。そのWebサイトやページ

＊ **SEM**　Search Engine Marketingの略。

1-5 ネット広告のプレイヤー

をランディングページとしてネット広告の訴求を狙います。ちなみにランディングページとは、ネット広告や、SEO対策を施し、表示される検索結果からのリンク先となるWebページのことをいいます。

このようにWebサイトの構築からネット広告の制作とWeb制作会社は、広告主のWebサイトやキャンペーンサイトを構築するだけでなく、ネット広告を含めて、これらのWebサイトへの導線を作ることが大きなミッションとなり、広告のプレイヤーといえます。

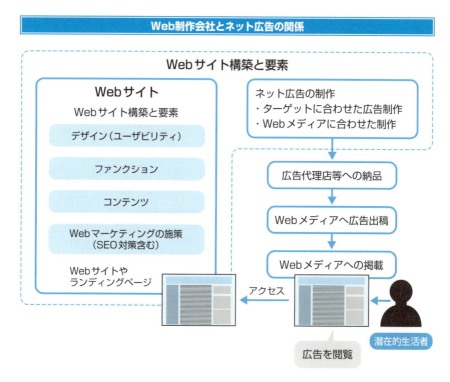

●インターネット視聴率調査会社

インターネット視聴率と聞いて、「？」な方もいらっしゃると思いますが、テレビと同様にインターネット視聴率をモニタリング調査し、データ化をしている会社です。テレビ視聴率と同じく、インターネットの視聴率を公正にリサーチする第三者機関といえます。

世界的に有名で日本のインターネット視聴率データを調査しているのが、アメリカの**ニールセン株式会社**です。日本国内の調査も行っています。世界中で、インターネットなどのメディア調査を行っているのが特徴です。

日本ではテレビの視聴率を調査している会社として有名なビデオリサーチ株式会社があることはご存知の方も多いと思います。第三者の目線で、客観的に番組の視聴率を調査していますが、Webメディアの視聴率を調査する**株式会社ビデオリサーチインタラクティブ**を設立しています。

インターネット視聴率調査会社のリサーチ内容を大きく分けると「インターネット視聴率」「ネット広告測定」「ユーザー行動測定」などになります。このほかにも様々なリサーチを行い、分析等を行いますが、メインのこれら3要素を測定する役割を果たしています。

最も重要な指標が**インターネット視聴率**です。Webサイトのアクセスするユーザー数から平均アクセスページ数、滞在時間など、アクセスログ解析で表示される基本的かつ定量的なデータを収集することを目的としています。

ネット広告測定は、どのWebメディアにどれだけのネット広告が出稿されているのか、そしてどの広告主が、どのようなWebメディアを選択して、広告を出稿しているのかを調査します。各広告主の出稿量や広告主から人気のあるWebメディアなどのデータを収集します。

最後の**ユーザー行動測定**では、アクセスする生活者の属性などで定性データを収集します。簡単な例でいえば、ポータルサイトなどでも、アクセスする生活者が男性に偏っていたりする場合もあります。女性向けの広告を出稿しても意味はありません。このような場合のために、ユーザー層の定性データ測定が必要なのです。

このようにインターネット視聴率調査会社は、各社独自の調査などを行い、調査結果を提供しています。

広告主や広告代理店が出稿先を選定するためのデータ活用だけでなく、Webメディア側でも主な3つのデータより、競合サイトの状況把握から自らの運営、コンテンツの見直しが可能となります。またアクセスするユーザー属性から新たなプランニングも可能となり、インターネット視聴率調査会社がもたらす客観的なデータは重要な指標となります。さらにインターネット視聴率調査会社は、各Webメディアや広告代理店などの要望に合わせた調査も実施します。

1-5 ネット広告のプレイヤー

インターネット視聴率調査会社の役割

インターネット視聴率調査会社
- ネット視聴率
- ネット広告測定
- ユーザー行動測定
- 独自のリサーチ
etc

リサーチ結果を利用

広告主やWebメディアなど
- 競合サイト等の利用状況等
- ネット上のトレンド等
- 広告出稿先の選定
- 広告出稿プランニング
etc

1-6 ネット広告の活用の基本知識

ネット広告の4つのポイントを解説しましたが、そのポイントから派生する、様々な活用方法があります。また、4大メディアと相乗効果を狙うメディアミックスやクロスメディアという考え方もあります。広告のトレンドとともに、ネット広告活用のポイントをチェックしましょう。

▶▶ ネット広告活用の基本的な考え方

　様々なネット広告に関する話題を解説してきましたが、ここで再度、ネット広告を活用する際のポイントを整理しておきましょう。まず、最初に自らのターゲットとしている生活者がどのような行動をしているのかを確認します。「1-2 ユーザー動向とネット広告戦略」で解説したように、自ら調査したり、白書などの調査結果から、生活者の消費行動の仮説を考えます。

　次に考えるのが、仮説からネット広告をどのように活用するのかという目的設定です。目的設定によって、自ずとターゲットが決まってきます。例えば、ネット広告の4つのポイントで解説したように、ターゲティング広告で出稿するというパターンも考えられます。前述したように、ターゲティングには、居住地域を指定する「エリアターゲティング」や、年齢や性別などから広告配信を指定できる「属性ターゲティング」があります。また、「行動ターゲティング広告」の一種、「オーディエンスターゲティング広告」なども考えられます。これらは運用型広告ですが、潜在的生活者に人気のWebメディアが枠売り広告等を受け付けている、もしくは潤沢な広告費があり、大手Webメディアで自社の製品やサービスのブランディングがしたい場合には、検討に値するでしょう。

　ネット広告の特徴として、インタラクティブ性を挙げましたが、マウスカーソルを広告に合わせると、拡大表示するだけでなく、様々なインタラクティブ性があります。再確認しますと、インタラクティブ性は、日本語にすると「双方向性」という意味です。本書でも解説していますが、ソーシャルメディア時代の昨今、ユーザー参加型のキャンペーンを実施したり、生活者からの声を聴き、新製品開発などが容易にできるようになっています。そのきっかけ作りとしての広告も考えられます。

1-6 ネット広告の活用の基本知識

　Facebookでのユーザー参加型キャンペーン例を挙げると、飲食店の新メニューのイベントを週末の閑散時間帯に実施する告知を投稿後、その投稿を広告として、近隣の潜在的生活者へ認知させる方法で広告を出稿しました。ファンはもちろん、潜在的生活者も参加してイベントは大盛況で終わりましたが、メディアの特性を活かした広告出稿をプランニングすることが重要なのです。

広告出稿のフロー

生活者の消費者行動や使用端末を確認
自らリサーチするか、白書などの調査結果から生活者の動向を確認して、自らの広告出稿に関する仮説を立てる

ネット広告の目的設定
仮説からネット広告をどのように活用するのかという目的設定をする。ユーザー投稿型のキャンペーンを実施するのか、新商品開発のアイデア募集など、ユーザー参加型のSNS活用を促す広告、もしくは純粋にWebサイトにアクセスを誘引して、資料請求、物販をするのかで大きく異なる

広告の選定と出稿
様々な広告の種類があるが、その中から目的に則した広告を出稿していく。キャンペーンの目的などのアイデアが良くても、広告の出稿先を誤ると大きな失敗を招く。目的に適合するWebメディアを選定する

広告出稿後の確認と効果測定
広告を出稿したWebメディアに広告が掲載されているかを確認し、自社のWebサイトなどを運営。広告掲載期間が終了後に効果測定を行う。PDCAでチェックする

▶▶ ネット広告活用で考えたいトリプルメディアマーケティング

　ネット広告は、自らのWebサイトやキャンペーンサイトなどへ導く大きな役割を担っていますが、ネット広告から誘引されてくるWebサイトのコンテンツが乏しければ、集客できません。そして、現代ではTwitterやFacebookページなどのSNSを活用して、顧客対話し、集客するという手法もあります。そこで、ネット広告などを**ペイドメディア**（paid media）、そして自社のWebサイトを**オウンドメディア**（owned media）、SNSなどを**アーンドメディア**（earned media）として、これらを総称して、**トリプルメディア**といいます。

　トリプルメディアの各要素を説明しておきましょう。まず、ペイドメディアは、「Paid＝支払う」という意味で理解できると思いますが、ネット広告や4大メディアの広告のことをいいます。広告を出稿することで、生活者に「興味関心」を与えます。広告費用をかけることで、効果を生み出せる可能性のあるメディアです。

　オウンドメディアは、所有するの意味である「owned」のメディア、つまり自社のWebサイトや自社で発行しているメールマガジンなどのことをいいます。特に自社のWebサイトは、ネット広告からのリンク先であるランディングページ、自社Webサイトを含めて、サービスや商品に関して、生活者に「理解促進」をさせるメディアをいいます。

　最後のアーンドメディアの「earned」は、「稼ぐ」の意味ですが、ここでは生活者からの評判や信用などの「共感」を得るという意味です。TwitterやFacebook、そしてブログなどのSNSは、消費者が情報を発信するメディアで、**CGM**＊、日本語では「消費者生成メディア」といわれ、共感を得ることでクチコミが広がり、ブランド認知向上や商品売上に効果的な役割が期待できるメディアです。成功すると効果的ですが、炎上などのリスクがあるメディアともいえます。

　これら3つの要素を活用した**トリプルメディアマーケティング**は、生活者のニーズや特性を分析して、これらのメディアを接点として活用。顧客の理解と共感を得ながら、ビジネスを展開していく考え方です。

　トリプルメディアの活用方法としては、ネット広告などのペイドメディアを活用して、生活者に広く訴求しつつ、オウンドメディアへ誘導します。ただし、ここでは広告費というコストが必要になることはいうまでもありませんが、影響力があり、それなりの即効性もあるため、自社Webサイトへ誘引できます。

＊ **CGM**　Consumer Generated Mediaの略。

誘引先であるオウンドメディアは、自社のサービスや商品に対すコンテンツを制作して、理解度を高めます。潜在顧客を含めた顧客層にアピールする場であるため、自社Webサイトのコンテンツが重要であることは言うまでもなく、その充実度が理解度を高め、ブランディング力を強め、購買に至ります。ペイドメディアほどの即効性はないものの、必要不可欠なメディアです。また、コンテンツの充実とSEO対策により、検索エンジンからの導線も期待できます。

アーンドメディアに関しては、SNSを活用することで、顧客との対話を行います。また、SNS上の自社評判などの情報収集をするソーシャルリスニングを実行します。ペイドメディアで興味関心を沸かせて認知させ、オウンドメディアで理解・販促を行い、アーンドメディアで拡散・ファン化させる、というのが基本的な役割分担となります。

各メディアの特徴を把握し、購買行動に関与する「メディア」の役割の変化、メッセージの質の変化を理解した上で、目的と用途によって最適化を図ることが必要です。

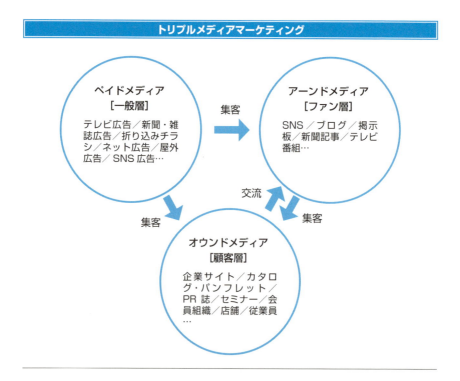

▶▶ クロスメディアとメディアミックス

　ネット広告を取り扱う上で知っておきたいのが、「クロスメディア」と「メディアミックス」の違いです。理解しているようで、理解していないという方もいるので、それぞれを説明しておきましょう。

　まず**クロスメディア**ですが、商品やサービスなど説明を1つの媒体、例えばWebサイトの商品紹介記事だけでなく、YouTubeなどの動画サイトの活用など、媒体の特性を活かしてSNSなどを活用しつつ、生活者とコミュニケーションを図り、それぞれのメディアと特性を活かしながら、相互補完的に情報を提供する考え方です。

　クロスメディアは、1つのコンテンツを複数のメディアへ形を変えて制作する手法です。また生活者は、1つのメディアだけでなく、複数のメディアから情報を得るという仮説を元に、各メディアの特性を活かして、効果的な方法でコンテンツを提供する考え方でもあります。さらに、4大メディアだけでなく、様々な媒体を活用し、デジタル系であれば様々なデバイスに対応することも、クロスメディアの考え方の1つです。

　そして、クロスメディアで最も重要ともいえるのが、相互補完的なコンテンツで、生活者がこれらの複数のコンテンツを横断することを目的としている点です。例えば、Webサイトで商品の特徴などを文字と写真で紹介し、動画で説明した方が良い部分があれば、YouTubeへ誘導するというように、相互間でメディア特性を活かしていく点がクロスメディアです。生活者は、複数のメディアから情報を得ていることを前提にしており、簡単な事例では、テレビCMで「続きはWebで！」とキーワード検索を促したり、紙媒体にQRコードを同時に掲載し、Webサイトへのアクセスなどを促したりする手法です。1つのメディアでの情報が不十分でも、相互補完していく組み合わせを活用して、定性的な戦略を策定していきます。

　一方、**メディアミックス**の場合は、クロスメディアよりも古い考え方です。広告の場合は、商品やサービスの情報を複数のメディアで展開して、様々な生活者への訴求を狙い、情報のリーチを最大化します。

　広告で伝える内容、もしくは広告表現を統一して、テレビや映画館のPR映像などの4大メディア、そしてWebサイトやSNSなどで複合的にメディアを駆使して、生活者に商品やサービスなどの情報を伝えます。キャッチコピーやビジュアルなどを統一させ、各メディアで情報を完結させて、展開する戦略です。

1-6　ネット広告の活用の基本知識

　相互補完型であり、生活者をいかに動かすかがポイントとなるクロスメディア、そして各メディア完結型で、ターゲットへ多くの情報を届けるかがポイントとなるメディアミックスともに、各メディアの特性を理解し、上手に活用していくことがポイントとなるでしょう。また、クロスメディアは「掛け算手法」、「足し算手法」であるともいわれています。

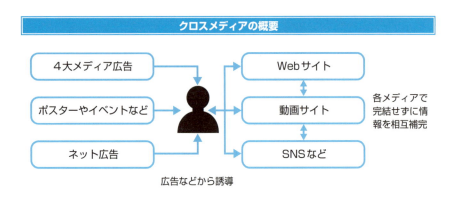

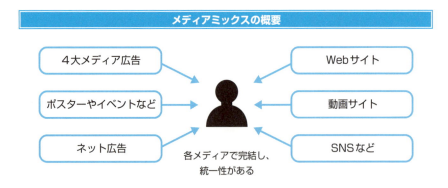

1-7 ネット広告を取り巻く法律

ネット広告への出稿業務、そして広報業務に関連する法律の概要を解説していきます。広報広告部門であれば、知っておくべきポイントを押さえておくと良いでしょう。

▶▶ ネット時代に重要な法律とは？

　法律といえば、六法全書の六法を思い出す方が多いと思います。六法とは、日本における主要な法律であり、「憲法」「民法」「商法」「刑法」「民事訴訟法」「刑事訴訟法」の6つの一般法からなります。そして、これら6つの一般法から派生した特別法も存在します。近年、話題になった「会社法」も民法の特別法となります。

　一般法から特別法まで様々に存在する法律ですが、広告業界で適用される法律を一般法から考えると、憲法や民法が該当するでしょう。クリエイティブな広告業界であるため憲法で保障された表現の自由や、日本広告審査機構（JARO*）のCMに代表されるような人権侵害、そして民法には、ある一定の行為をなした者に一定の報酬を与える懸賞広告に対する規定もあります。

　梁瀬和男氏、岡田米蔵氏の共著『デジタル時代の広告法規』によれば、「200件に及ぶ関連する法律がある」と記されています。前述した一般法、特別法だけでなく、国の制度・政策に関する理念・基本方針が示され、その方針に沿った措置を講すべきことを定めている「基本法」、さらには基本法の目的・内容等に適合するように行政諸施策を定め、遂行する「個別法」まで含むと、その数は膨大になります。

　これまでは広告に必要な関連法として、広告六法と呼ばれる関連法がありました。広告六法は、「民法」「消費者基本法」「不正競争防止法」「景品表示法」「著作権法」「商標法」などの法律です。

　ただし、前出の『デジタル時代の広告法規』によれば、「もともと広告には契約性が見られず、広告主と消費者の間には広告上は法的関係が成立しなかったが、デジタル社会では、直接、広告により、購買の現場へ消費者を招き入れることになり、これまでの常識は成立しない現象が見られる」としています。つまり、ネット広告が登場する以前からある広告六法などの法律・法規だけでは、対応できない時代なのです。

　ネット広告の制作からネット広告を活用したトリプルメディア戦略を策定し、

＊ **JARO** Japan Advertising Review Organizationの略。

1-7 ネット広告を取り巻く法律

Webマーケティングを実践するには、法律的な知識も必要となります。基本法から注意すべき法律などを紹介しましょう。

様々なネット関連法案の新法が施行されたり、既存の法律が改正されていますが、問題が発生してから、新法や法律が改訂が議論されています。まさに、イタチごっこの状態が続いているというわけです。

▶▶ 広告六法から派生されるネット広告の法規

アナログ時代の広告六法は、「民法」「消費者基本法」「不正競争防止法」「景品表示法」、「著作権法」「商標法」と述べましたが、デジタル時代のネット広告では様々な社会事象が異なってきており、これらに付帯する法律やネット関連のIT基本法なども登場してきています。

そして、時代背景に合わせて、アナログ時代の広告六法も改正されています。それらを含め、『デジタル時代の広告法規』では、デジタル時代の広告六法として下の図のように各法規を整理しています。

デジタル時代の広告六法

（●広告六法、▲新しくマークしたい法）

	ネット社会への対応	消費者保護	権利保護	公正な競争
基本	IT基本法	消費者基本法●	知的財産基本法	独占禁止法
関連法	刑法／電気通信事業法／不正アクセス禁止法／プロバイダ責任制限法▲／迷惑メール規制法など▲／個人情報保護法／商法、電子署名法	民法● / 消費者契約法▲ / 特定商取引法 / 食品衛生JAS法など業法 / 景品表示法● / PL（製造者責任）法	不正競争防止法● / 工業所有権・意匠法／特許法／実用新案法／商標法●／肖像権（判例）／著作権法／商法（営業表示）	
備考メモ	・グローバル対応 ・広告取引契約 ・プライバシーとメディア規制 ・刑法介入 ・放送法、電波法	・広告の契約性 ・表示と広告の関係 ・縦割り規制への対応	・権利保護と知的創作物の有効利用 ・デジタル化対応 ・国際条約	・公正な競争と消費者保護

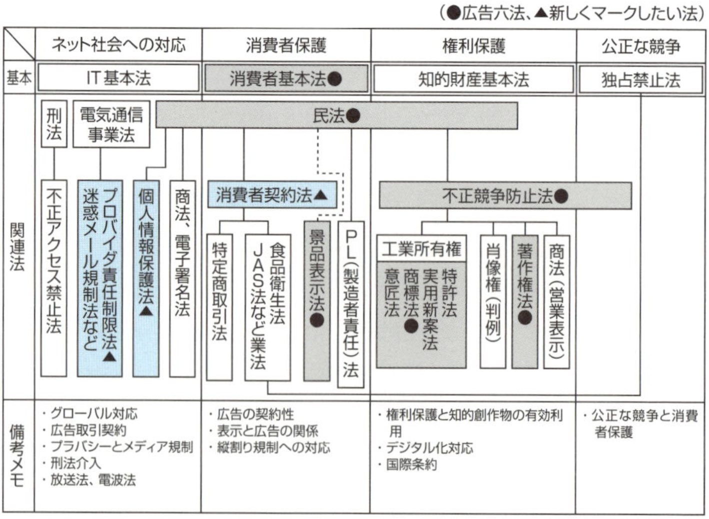

各法律の詳細は割愛し、一部重要部分を後述しますが、ネット広告及び4大メディア広告も法律遵守の精神で制作及び活用をしていくことで、健全なビジネスを展開できるのです。

▶▶ インターネットを活用したプロモーションの注意点

インターネットでは誰もが「自由」に情報を発信でき、生活者もそれを享受できます。しかし、この自由を取り違えると、大きな問題になることが多々あります。大手のポータルサイトやリスティング広告への出稿であれば、的確な審査があるため、不適切な表現を避けることができます。しかし、情報の信頼性や公正が欠けた表現や情報がインターネットにあふれているのも事実です。

インターネットに関する法律が徐々に整備されているものの、CGM、言い換えればソーシャルメディアが発展している現代では、Webビジネスの根底を揺るがす事態に発展する可能性も否定できないため、慎重に対応したいものです。

これに加え、インターネットは日進月歩のテクノロジーです。このテクノロジーを活用したシステムがインターネットであり、日々進化する特性を持ったメディアに広告を出稿することになります。

例えば、新たなテクノロジーが生まれ、その目新しさに着目した広告やキャンペーンを実施するプランがある場合は、外注する事業者に丸投げするのではなく、それらのテクノロジーに対するある程度の勉強も必要です。これに加え、自社の目線だけでなく、顧客となるターゲットがその新たなテクノロジーを導入しているか否か、使いこなせるか否かということも判断しなければいけません。

ネット広告には、このようなデメリットがありますが、特に気を付けておきたいのが、キャンペーンサイトです。ネット広告を出稿し、うまく生活者をWebサイトに誘引しても、何かしらのトラブルが発生するケースがあります。また、一般のWebサイトの運営でも同様のトラブルが考えられますし、広告表現でも慎重さが求められます。このほか、法律上の事例などがありますので、順に説明しておきましょう。

▶▶ 誇大広告や景品類の不当な提供の禁止

景品表示法では、消費者に誤解を招く誇大広告や虚偽表示や、過大な景品付き販売を禁止しています。かつては公正取引委員会が所管していましたが、2009年9

1-7 ネット広告を取り巻く法律

月1日に消費者庁に全面移管されました。

　過大な景品付き販売の一例として、例えば、キャンペーンなどで顧客にプレゼントを行うことがありますが、景品表示法では、そのプレゼント提供を3種類に規制しています。オープン懸賞、一般懸賞/共同懸賞、総付景品の3種類があり、それぞれ景品類の上限額の制限や、提供の禁止規定が厳格に定められています。プレゼント提供のルールとともに、景品表示法で気を付けたい点を述べます。

●オープン懸賞

　Webサイトへアクセスした生活者が誰でも応募できる懸賞をオープン懸賞といいます。従来は、提供できる金品等の最高額は1,000万円までとされていました。しかし、2006年4月に規制が解除され、具体的な上限額の定めはありません。

●一般懸賞と共同懸賞

　ショッピングモールやネットショップでの購入者に対して、クイズなどの抽選で懸賞品をプレゼントする場合には、懸賞品の金額に上限が設けられています。

　一般懸賞の場合は、5,000円以上の商品は上限10万円まで、5,000円未満の商品は、商品価額の20倍までと定められています。

　共同懸賞は、ネットショップと関係がありませんが、ショッピングモールや商店街で共同してプレゼントを出す場合、キャンペーンの売上予定総額の3％以内であり、かつ最高額30万円まででなければなりません。

●総付懸賞

　商品購入者の全員にプレゼントをする場合を総付景品といいます。購入者にもれなくプレゼントするというキャンペーンをよく見かけますが、1,000円以下の商品は200円以下のプレゼントに限定されます。そして、1,000円以上の商品であれば、取引価格の2/10以下でなければいけません。

●不当な商品表示

　物販のネットショップのみならず、サービス提供において、サービスの説明ページなどで、商品品質を優良であると表示したり、競合他社よりも有利に書いておき

ながら、同一のものであるなど、消費者を誤認させる表示を禁止しています。

●優良誤認表示

　商品の内容を実際のものよりも著しく優良であると一般消費者に誤認される表示をしたり、競争他社よりも優良な製品であることを謳いながら、実際は同一内容の製品であった場合などが挙げられます。

　例えば、特許出願中なのに「特許取得」と表記したり、既存の製品と同一なのに、「日本初上陸」や「日本初の新技術」などと表示しつつ、競合他社も同一の技術のものを販売している事例などが挙げられます。

●有利誤認表示

　実際とは異なり、消費者に有利である、お得であるという旨の誤認される表示をすることも禁止されています。競合他社で購入するよりも、2倍の分量で同価格なので有利であるとか、先着や当選者20名だけの激安プライスと謳いながら、実際は先着ではなかったり、応募者全員に同価格で販売するような表示が該当します。

●誤認されるおそれのある表示

　一般消費者に誤認される可能性があり、公正取引委員会が指定する表示についても禁止されています。これらは指定商品なので確認が必要ですが、ネットショップに関わるものとしては、「無果汁の清涼飲料水等の表示」「商品原産国の不当な表示」「おとり広告に関する表示」があります。消費者庁の表示対策のページ＊で確認しましょう。

▶▶ ドメイン名での紛争問題

　ドメイン名は、Webサイトを構築する際に、データ等をアップロードしてあるサーバーを特定するための文字・数字等の配列で、いうなれば、Web上の住所にすぎません。しかし、ネット上のビジネスでは、消費者へのブランディングイメージとして、社名や商品名などと関連付けたドメイン名を登録して、Webサイトを開設しています。また、既存の著名商品や既知企業のネーミングをドメイン化することもあります。

＊**表示対策のページ**　URLは「https://www.caa.go.jp/policies/policy/representation/」。

1-7 ネット広告を取り巻く法律

　このような商習慣から、ドメイン名は商標に非常に近い価値を持ちますが、現在の制度では、新規のドメイン名については誰でも自由かつ先着順で登録できるようになっています。

　そのため、この制度を悪用し、取得したドメイン名を商標権者などに不当な高値で買取をさせたり、一般ユーザーをだまして、詐欺行為などの不法なビジネスを著名ドメインで行う人たちがいました。

　十数年前に多発していた事例で、現在は減少傾向にあるようですが、被害者にも加害者にもなりたくないはずです。そこで、ドメイン取得時には、類似商標の先行調査をしてからドメインを取得しましょう。

　また、悪意ある者が類似ドメインを取得するなど、ドメイン紛争に巻き込まれた場合は、「JPドメイン名紛争処理方針」に基づいて、日本知的財産仲裁センター*へ申し立てをするとよいでしょう。

　仲裁でもうまく行かない場合は、不正競争防止法でドメイン名の不正取得等の行為を不正競争の類型として規定しているので、訴訟も可能です。経済産業省では、ドメイン名関係に関する話題を含め、不正競争防止法のテキストなどが、ダウンロードできるようになっています。参照してみてください。加害者はもちろん、被害者にもなりたくはありませんが、キャンペーンサイトのドメイン取得時には注意しましょう。

　不正競争防止法に関するドメインの事例を簡単に挙げると、筆者の個人事務所のアドレスは、「http://art-orient.com/」です。弊社の場合はありえませんが、仮に世界中の誰かが悪意を持って、しかも類似のビジネスで「http://art-orient.jp/」や「http://art-orient.co.jp/」などを取得すると、混同惹起行為となります。当然のことながら、ドメイン紛争の火種となるわけです。

　このような事態が起こらないように、ドメインの先行調査はもちろん、会社の登記時の社名やキャンペーンやイベント名などを考える際にも、ドメイン紛争について、頭の片隅においておくとよいでしょう。

＊**日本知的財産仲裁センター**　URLは「http://www.ip-adr.gr.jp/」。

1-7 ネット広告を取り巻く法律

日本知的財産仲裁センターのWebサイト

URL https://www.ip-adr.gr.jp/

不正競争防止法

URL http://www.meti.go.jp/policy/economy/chizai/chiteki/index.html

第1章 ネット広告とは何か？

1-7 ネット広告を取り巻く法律

▶▶ メールマーケティングでも違反となるケース

　　メールマガジンの送信などにも規制があります。その1つが**UCE**＊で、日本語に訳すと「頼んでいない商業用メール」という意味になります。これは広告メールの一種です。いわゆる**未承諾メール**というものですが、生活者の気分を害する迷惑メールといえるでしょう。

　　念のためですが、自社サイトへのアクセス数を増やすために、不特定多数のインターネット利用者に広告メールを送ろうと考えることもあると思いますが、これは法律で禁止されています。

　　そもそも、業者からメールアドレスを購入することは違法です。しかも日本では、迷惑メール（スパムメール）対策として**特定電子メール法**（特定電子メールの送信の適正化等に関する法律）が2002年4月に成立し、2002年7月に施行されています。

　　さらに2005年5月には改正され、送信者情報を偽った広告・宣伝メールの送付を禁止し、違反者には「1年以下の懲役または100万円以下の罰金」とするなどの罰則規定が盛り込まれました。これで送信者情報を偽った広告・宣伝メールについては、警察などが直接捜査を行うことができるようになったのです。さらに2008年5月に改正され、同年12月より改正法が施行されています。

　　新改正法の前は、生活者の許諾なく一方的にメールを送信する手法や、生活者がメール受信を拒否しない限りメールの送信が可能となる**オプトアウト方式**でした。

　　しかし、多数の迷惑メールが存在し、生活者にも負担がかかるため、メールを送信する際には、必ず生活者の許諾が必要となる**オプトイン方式**とすることが定められました。また、同法には、ユーザー許諾を得た旨を記録を保存する期間も定められています。同意文書等の記録の保存期間は、広告宣伝メールを最後に送信した日から1ヵ月とされています。これらを遵守しながら、メールマーケティングを実施しなければなりません。

　　特定電子メール法だけでなく、特定商取引法においても改正があり、2009年12月から規制されています。2009年12月以前は「※未承諾メール」とメールタイトルに記入することで送信が可能でしたが、現在は「※未承諾メール」を送信してはいけません。ただし、未承諾といえども、急を要する場合など、以下の3つの事例では許諾なく生活者や顧客にメールを送信できます。

＊ **UCE**　Un-solicited Commercial Email の略。

1-7 ネット広告を取り巻く法律

未承諾の電子メール広告が許容される場合

（特商法12条の3第1項1号～3号）

第12条の3
1項　事業者は、次に掲げる場合を除き、商品・権利の販売条件、役務の提供条件について、消費者の承諾を得ないで電子メール広告をしてはならない。

1号　消費者の請求に基づいて、通信販売電子メール広告をするとき。
2号　商品等について、契約申込み・契約締結をした者に対し、電磁的方法により契約内容又は契約履行に関する事項を通知する場合において、主務省令で定めるところにより通信販売電子メール広告をするとき。
3号　前2号に掲げるもののほか、通常通信販売電子メール広告の提供を受ける者の利益を損なうおそれがないと認められる場合として主務省令で定める場合において、通信販売電子メール広告をするとき。

　また、この3つに加えて、知っておきたい特定商取引法の改正点をまとめておきましょう。1つは、電子メール業務を一括して、外部の会社へ発注しているケースです。物販のネットショップのみならず、サービス提供会社の多くは、メールマガジンやメール広告に手が回らないという場合に、外部の広告代理店やマーケティング会社へ発注するケースが多々見受けられます。そこで外部発注した場合に起こりうるトラブルなどを解説しておきましょう。

　メールによる広告業務を外部の専門業者（電子メール広告受託事業者）に委託した場合に、未承諾メールなどは自らメールを送信するサービス提供会社や販売業者のみを規制対象としていましたが、改正後のオプトイン規制を確実なものとするために、外部発注先である電子メール広告受託事業者も規制対象となりました。両者に責任を課すことで、迷惑メールを減少させようというものです。今までより規制が厳しいだけでなく、電子メール広告受託事業者が、オプトイン方式に則して、顧客から送信許可を受けるだけでなく、個人情報の記録保存などの義務を負うことになります。

　オプトイン方式の規制に違反した場合は、行政処分や罰則の対象になります。メールマガジンの発行などは、消費者である顧客に勘違いされないように、「メール

1-7 ネット広告を取り巻く法律

マガジンを希望する」というチェックボックスを目立つように作成するなどの対策を施すことが重要です。希望者以外には配信しないことなどを心がけるとよいでしょう。

　うっかりミスが原因で、顧客の反感を買うだけでなく、行政処分の対象となっては、話になりません。特定電子メール法や特定商取引法に関する罰則や差異が「特定電子メールの送信の適正化等に関する法律のポイント」*に掲載されてます。

　抜粋して、まとめました。よく整理されているので、参考になります。

主要な罰則

送信者情報を偽った送信
1年以下の懲役または100万円以下の罰金
（法人の場合は行為者を罰するほか、法人に対して3,000万円以下の罰金）
※総務大臣及び内閣総理大臣による命令の対象ともなる

架空電子メールアドレスあて送信
総務大臣及び内閣総理大臣による命令（架空電子メールアドレスあての送信の場合は、総務大臣による命令）。
命令に従わない場合、1年以下の懲役または100万円以下の罰金
（法人の場合は行為者を罰するほか、法人に対して3,000万円以下の罰金）

同意の記録義務違反
総務大臣及び内閣総理大臣による命令。
命令に従わない場合、100万円以下の罰金（法人の場合は行為者を罰するほか、法人に対して100万円以下の罰金）

※特定商取引法における罰則は以下のとおりです。
・請求・承諾のない者への電子メール広告の提供、拒否者に対する電子メール広告の提供、請求・承諾があった旨の記録保存義務違反→100万円以下の罰金
・同意のない者への電子メール広告または拒否者への電子メール広告において虚偽・誇大広告や表示義務違反→1年以下の懲役または200万円以下の罰金（またはこれらの併科）

＊特定電子～ポイント　URLは「http://www.soumu.go.jp/main_sosiki/joho_tsusin/d_syohi/pdf/m_mail_pamphlet.pdf」。

1-7 ネット広告を取り巻く法律

なお、上記の違反行為はいずれも行政処分（主務大臣による指示又は業務停止命令など）の対象になります。

特定電子メール法と特定商取引法の主な違い

	特定電子メール法	特定商取引法
目的	・電子メールの送受信上の支障の防止	・消費者保護、取引の公正
規制の対象となる電子メール	・自己または他人の営業につき広告または宣伝を行うための手段として送信をする電子メール	・通信販売などの電子メール広告
規制対象となる者	・送信者・送信委託者	・販売業者など・電子メール広告受託事業者
規制などの内容 オプトイン方式	・あらかじめ同意した者等以外に広告宣伝メールを送信することを禁止・同意を証する記録の保存義務・受信拒否者への送信禁止・表示義務	・請求・承諾のない者に対する電子メール広告を禁止・請求・承諾の記録の作成・保存義務・受信拒否者への電子メール広告の禁止・表示義務
規制などの内容 架空電子メールアドレスをあて先とする電子メールへの対策	・架空電子メールアドレスをあて先とする送信の禁止・電気通信事業者が役務の提供を拒否できる場合あり	―
規制などの内容 送信者情報を偽装した電子メールへの対策	・送信者情報を偽った送信の禁止・電気通信事業者が役務の提供を拒否できる場合あり	―
規制などの内容 電気通信事業者などに対する求め	・総務大臣は、電子メールアドレスなどについての契約者情報の提供を求めることができる	・主務大臣は、電子メールアドレスなどについての契約者情報の提供を求めることができる

▶▶ SNSを活用したキャンペーンの注意点

　SNSなど、CGMでのクチコミの記事に対して、信頼性があると回答したユーザー数が多いことは広く知られた事実です。そのため企業は、**ソーシャルメディアマーケティング**、そして**ソーシャルメディア広告**に着目しているわけですが、成功するとその効果が大きい反面、失敗すると奈落の底に突き落とされるという面も持ち合わせています。失敗例がブログやTwitterなどでの炎上を代表とするトラブルでしょう。

　ブログには、コメント欄やトラックバックといった機能があります。アクセスアッ

1-7 ネット広告を取り巻く法律

プやコミュニケーションに役立つ機能ですが、この機能がブログ炎上を引き起こす原動力となるのです。Twitterは、さらに恐ろしく、またたくまにリツイートなどの機能で拡散していきます。

　炎上が発生する主なパターンとしては、管理者もしくは執筆者の不用意な発言に端を発します。様々な騒動が今までも発生していますが、この発言をきっかけに、不満を持った生活者がコメントやリツイートを集中的に行い、その管理者や執筆者を批判するケースです。

　まさに悪のスパイラル現象。鼠算的に批判は拡大していきます。まさしく負のクチコミ。炎上が一度発生してしまうと、収拾はつきません。ブログの廃止を余儀なくされるばかりでなく、Webビジネスの終焉ともなりかねません。

　また、クリック＆モルタルで経営している場合、実店舗や会社、代表者までも批判の対象になる可能性もあります。ブログ炎上後の事態を念頭に入れて、ソーシャルメディアマーケティングを実践したいものです。

　蛇足ですが、Twitterでは、かつてキャンペーン応募の予告を自動でつぶやくプログラム（bot）を利用して、フォローしていない生活者にTwitterのメッセージ機能を使って大量投稿し、Twitter機能とルールを無視したキャンペーンを実施した企業がありました。

　通常、メッセージは相互にフォローし合っている生活者同士の連絡手段ですが、無関係な生活者に向けて、キャンペーン誘導メッセージを投稿してしまったのです。メッセージを受け取った生活者はすぐさまスパム行為であると、次々に投稿しだしたため、その企業は謝罪に至りました。

　Twitterの例は、外部の事業者に依頼して、担当者はTwitterを活用したキャンペーンサイトへの誘導ということまでしか知らず、Twitterの利用上のマナーや操作などは理解していなかったようです。

　冒頭でも述べたように、自らがどのようなことを実施するのか、そして、メディアの特性などを理解しながら実施しないと、トラブルが発生する危険性が高くなります。ソーシャルメディアは、このような事態が発生するという認識のもとに活用することをオススメします。

第2章

アドテクノロジーの仕組み

アドテクノロジーと聞くと難しく感じるかもしれませんが、現代のネット広告は、アドテクノロジー抜きには語れません。アドテクノロジーの基本的な知識から変遷など、アドテクノロジー関連のトピックを中心に解説していきましょう。

2-1 アドテクノロジーの登場

難解そうなアドテクノロジーですが、ネット広告が純広告や枠売り広告と呼ばれる予約型広告から運用型広告へと進化する過程を把握することで、全体像を理解できます。

▶▶ 検索連動型広告から始まるアドテクノロジー

　アドテクノロジーを簡単に説明すると、ネット広告配信に関連するシステムのことをいい、別名「アドテク」「アドテック」などとも呼ばれています。「1-4 ネット広告の歴史」で概要を説明しましたが、黎明期のディスプレイ広告（バナー広告）のように、単に広告の画像をWebメディアへ貼り付けるのではなく、システムで広告を管理するインターネットテクノロジーです。

　1996年に登場したディスプレイ広告では、広告主が広告を掲載するWebメディア（ポータルサイトなど）の広告枠を購入し、それに合わせて広告を出稿する予約型広告でした。もし広告枠に空きがなければ、その時に掲載されている広告の掲載終了期間まで待たなければなりませんでした。またWebメディア側では、クリック率が低いディスプレイ広告があると、それを差し替えるくらいしか対応できず、さらに広告主から人気のないWebメディアだと判断されると出稿数が減少し、広告枠を安売りせざるを得ませんでした。

　しかし2002年、広告主にとって革命的かつ画期的な広告が登場します。それが**検索連動型広告**です。検索されたキーワードに連動させて広告を掲載する仕組みで、そのキーワードを入札形式で購入します。入札であるため、選定したキーワードに対し、自分で広告料金を決めて出稿できるようになったのです。例えば「A」というキーワードは注目度が高そうなので高額な料金で入札し、「B」はそんなに注目されていないので安めに入札する、という出稿方法です。

　また前述したように、広告代理店を利用せずに、個人でも管理画面で広告をプランニングできるようになったのも大きな特徴です。

　例えば、「この広告は効果がないから削除・修正しよう」「広告を掲載するキーワードを変更しよう」といった広告文の修正や入札価格の変更など、すべて管理画面で実行できるようになりました。

2-1　アドテクノロジーの登場

　この検索連動型広告から運用型広告、そして今日につながるアドテクノロジーのシステムがネット広告の進化の歴史なのです。

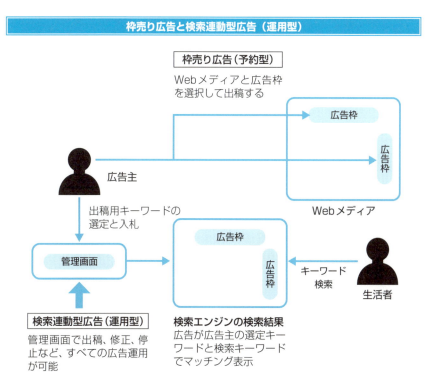

枠売り広告と検索連動型広告（運用型）

運用型広告の進化版アドネットワークの誕生

　2002年に登場した検索連動型広告は、**運用型広告**に分類されます。運用型広告は「2012 日本の広告」から使われ始めた用語で、アドテクノロジーを使った広告のカテゴリになります。

　運用型広告では、検索連動型広告に続き、2003年に**コンテンツ連動型広告**が登場します。コンテンツ連動型広告の仕組みを簡単に解説すると、ブログなどのWebメディアの管理者がコンテンツ連動型広告の提供会社や広告代理店に申請し、広告枠を提供します。その広告枠に、ブログの内容に合わせた広告を配信させる仕組み

2-1 アドテクノロジーの登場

になっています。そして、この広告を配信するサーバーを**アドサーバー**といいます。アドサーバーの詳細は、次節で解説しますが、予約型広告と運用型広告のどちらにも利用されています。

　コンテンツ連動型広告の登場によって、広告枠の考え方が代わりましたが、大手ポータルサイトなどは、2003年時点では、コンテンツ連動型広告を積極的に導入していませんでした。

　しかし、その他のブログなどのWebメディアの広告枠では、コンテンツ連動型広告が徐々に採用されるようになってきました。そして、枠売り広告も新たな進歩を遂げます。それが**アドネットワーク**です。

　アドネットワークは、Webメディアの広告枠を多数集めて広告主へ提供するシステムで、2008年頃に登場しました。システム名から理解できるように、広告を配信するネットワークであると理解するとよいでしょう。

　広告主や広告代理店は、アドネットワークを活用することで、1回の出稿だけで様々なWebメディアへ広告を配信できるようになりました。今まで枠売り広告のWebメディアを1つ1つ選定して、広告を出稿しなければならなかったものが、1回の出稿で多数のWebメディアへ広告を配信できるようになったのです。

　アドネットワークは、アドテクノロジーの始まりともいえますが、多くのWebメディアの広告枠を集めることで、全体的に多くのトラフィック量を確保できるため、広告主や広告代理店にとって大きなメリットがあります。またWebメディアの管理者は、アドネットワーク事業者に広告の受注や掲載の手続き等を任せることが可能です。よって、Webメディアにもメリットがあるのです。

　ただし、問題もありました。広告主や広告代理店が予期せぬ不釣り合いなWebメディアへ広告が配信されたりすることもあったのです。場合によっては、自らの会社のイメージダウンにつながるWebメディアの広告枠へ自社の広告が掲載される場合もあり、トラブルもあったと聞きます。初期のアドネットワークのシステムには、欠陥もあったのです。

　次ページの図が枠売り広告からアドテクノロジーを活用したアドネットワーク化における概念図となります。

2-1 アドテクノロジーの登場

単純な枠売り広告時代とアドネットワーク時代の概念図

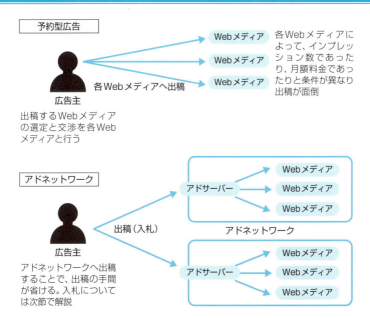

アドテクノロジーの基本知識のまとめ

　アドテクノロジーは、基本的に広告を配信する技術であり、次節で解説するように、進化していきます。特に運用型広告には欠かせないインターネットテクノロジーであり、日進月歩です。

　アドテクノロジーは、広告主の集客などの「目的」を達成するために、効果的で、パフォーマンスのよい広告を出稿することを目的としています。また、広告枠を持つWebメディアの収益を最大化することも目的としています。

　アドテクノロジーのシステムで「重要な要素」は、**広告枠**と**広告配信**、そして**効果測定**です。**広告枠**は、Webメディアの広告を表示する領域をいい、Webメディアから提供を受けます。そして、**広告配信**は、検索連動型広告やコンテンツ連動型広告などのように、システムによって異なりますが、広告配信システムのロジックに従って広告を配信しています。そして、**効果測定**は、配信された広告の効果や収益を広告の管理画面、もしくはアクセスログ解析などで判断できます。当然のことな

2-1 アドテクノロジーの登場

がら、各広告などの投資対効果（ROI）の把握も容易になるため、広告の差し替えや修正も容易です。

　アドテクノロジーの「目的」と「重要な要素」から理解できるように、アドテクノロジーを活用することで、広告主や広告代理店とWebメディアの双方にメリットがあるわけですが、生活者にもメリットがあります。ターゲティングという広告配信のシステムで、生活者自身に必要な広告情報が届けられるのです。個人情報やプライバシーの問題もあり、敬遠する生活者もいますが、アドテクノロジーのメリットの1つといえるでしょう。

アドテクノロジーにおけるシステムの重要な要素

広告枠
広告枠に対して、タグを埋め込み配信システムのロジックから受信

広告配信
広告配信システムのロジックに従って配信

効果測定
配信された広告の投資対効果などが容易に確認可能

▶▶ 知っておきたいアドテクノロジーの種類

　アドテクノロジーのシステムにおける技術的な3つの要素は、アドテクノロジーの種類にも通じます。詳細は後述しますが、ここでは3つあるといわれているアドテクノロジーの種類を覚えておきましょう。

　前述した3つの要素が複合的に利用される技術が**広告効果のトラッキング技術**です。トラッキング技術、つまり生活者の追跡技術ですが、この技術は、リアルタイムに生活者の反応を確認できます。この反応を把握することで、広告枠が商品やサービスの販売につながったか否かを効果測定できます。

　2つめの**広告配信と表現技術**は、個別の生活者に適した広告を配信する技術と、インタラクティブ性のある広告を表現する技術のことです。マウスカーソルを合わ

せると拡大表示する広告など、生活者の動きに対して、反応する広告が多数あります。これをインタラクティブ性がある広告といいますが、このような広告表現をアドテクノロジーを利用して、広告枠に届ける技術も含まれます。

3つめの**オペレーションサポート技術**は、広告出稿の管理画面で広告運用や効果測定を行いますが、このインタフェース仕様の使い勝手や、広告出稿に関する業務を効率化する技術をいいます。

アドテクノロジーというと、難しい感じがしますが、アドテクノロジーの種類とシステムにおける重要な要素を把握しておくことで、アドテクノロジーをイメージできると思います。

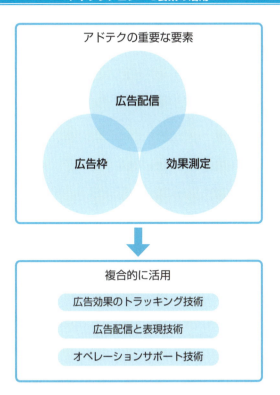

アドテクノロジー3要素の活用

2-2 アドサーバーとアドネットワーク

「1-4 ネット広告の歴史」でインターネットの変遷に関する概要を解説しましたが、本節では、技術的な仕組みなども含めて、アドテクノロジーの変遷をディスプレイ広告（バナー広告）が予約型広告であった黎明期から解説していきます。

▶▶ ネット広告の黎明期とアドサーバーの登場

ネット広告の黎明期のバナー広告は、広告枠のサイズに合わせた画像を貼り付けて、料金体系もメディアによって異なっていました。例えば、AというWebメディアではトップページの広告枠は1ヶ月30万円の料金設定。しかし、BというWebメディアでは、1週間で5万円という具合にまちまちでした。掲載期間は、週や日毎の契約など、Webメディアによって異なっていました。これが予約型広告の時代です。

そして、広告枠に掲載されているディスプレイ広告（バナー広告）などの広告画像や文字の広告は、Webメディアの管理者が手動で張り替えていました。しかも、Webメディアのコンテンツと同じサーバーにアップロードされていたのです。

広告の管理もWebメディアへ任せたきりで、広告主や広告代理店はディスプレイ広告の素材を渡して終わりという状況でした。

しばらくすると、Webメディアのコンテンツとネット広告のサーバーを分ける運用方式に変わっていきます。つまり、Webメディアの記事や写真などは、**コンテンツサーバー**へアップロードして、Webメディアが運営します。広告枠に掲載される広告は、**アドサーバー**へアップロードして広告枠へ配信する方式となり、Webメディア、もしくは広告代理店などが管理するようになったのです。

アドサーバーの登場により、広告枠の管理はアドサーバー側で可能となりました。Webメディアの広告枠部分に、外部のアドサーバーのアドレスを貼り付け、リンクさせることで管理します。簡単にいえば、外部のサイトからリンクを貼って、画像をWebページ上に表示させるような仕組みです。

Webメディアの広告枠に表示される広告の配信、在庫、修正などの運用がアドサーバーによって容易にできるようになったのです。

2-2 アドサーバーとアドネットワーク

▶▶ 黎明期のネット広告の出稿方法

　黎明期のネット広告は、月単位、週単位、場合によっては日毎に広告料金が発生していました。この仕組みを**純広告**といいます。純広告は、予約型広告と同義語なので、覚えておきましょう。

　純広告では、広告主が直接、もしくは広告代理店が持っているWebメディアの広告枠を買い取り、広告主や広告代理店が制作した広告を掲載する方法で出稿されます。前述した広告の掲載期間を予約して掲載し、効果がない場合でも、期間中は解約できない出稿方法です。インプレッション広告のような表示回数などで掲載することもできず、柔軟性がない出稿方法が黎明期の仕様でした。また、4大メディアでもこのような出稿方法があります。

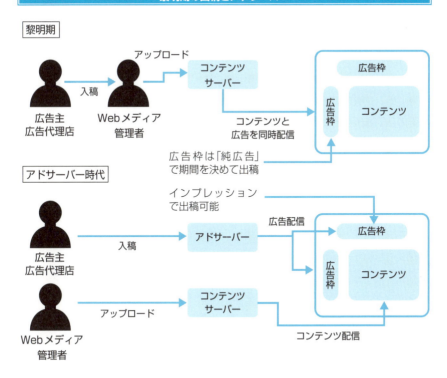

黎明期の出稿とアドサーバー

2-2 アドサーバーとアドネットワーク

▶▶ 多数のWebメディアへ同時に配信するアドネットワーク

　アドサーバーが登場してネット広告の出稿方法が変化しましたが、Webメディアは、広告枠の在庫をいかにマネタイズしていくかが問題でした。また広告主や広告代理店もWebメディアを選定して、広告を入稿するなどの手間がかかりました。

　そこへ**アドネットワーク**が登場します。「広告配信ネットワーク」ともいえ、2008年頃に登場したアドテクノロジーのシステムです。複数のWebメディアを集めて「広告配信ネットワーク」を形成し、1つのアドサーバーから複数のWebメディアの広告枠へ広告を配信します。

　広告主や広告代理店は、アドネットワーク事業者へ広告出稿（入札）することで、アドネットワークのグループに参加しているWebメディアの広告枠に広告を配信できます。黎明期にはWebメディアを選定して出稿していましたが、1回の入稿で、大規模な広告配信が可能となるのです。そして、黎明期の広告料金やインプレッション課金型と異なり、ディスプレイ広告を生活者がクリックするごとに課金される課金方式を選択することも可能となったのです。また、自社の業態に合ったジャンルのWebメディアを選択し、関連性の強いWebメディアの広告枠に配信するマッチング機能もあります。

　マッチング機能はWebメディアのジャンル選定だけに限りません。時間帯を指定しての広告配信や、そして自らのWebメディアを訪れた生活者に向けて、ほかのWebメディアで広告を表示させ、再訪を促す「リターゲティング配信」など、様々な広告配信手法の機能が用意されています。

　広告主にとって重要な効果測定も黎明期よりも明確なデータを取得できます。なぜなら、出稿しているWebメディアからの報告ではなく、アドネットワーク事業者を経由しているため、出稿した各Webメディアの正確な効果測定データを入手できるのです。

　アドネットワークのメリットは、広告主だけではありません。Webメディア側にも多数のメリットがあります。まず1つは、広告枠にアドネットワークから配布されたタグを貼り付けるだけなので広告営業の手間がいらず、中小規模のWebメディアでも広告枠を販売できる点です。そして、1つの広告枠に対して複数の広告が掲載できるため、広告枠が売れ残る可能性が低く、マネタイズがある程度、容易になるという点が挙げられます。また、広告枠のクリック数なども、広告主と同じくアドネッ

トワーク事業者のアドサーバーが計測するため、Webメディアのコンテンツ制作に専念できるのです。

このように、アドネットワークを活用することで、広告主や広告代理店、そしてWebメディア側の両者にメリットをもたらしたアドテクノロジーの1つが、アドネットワークなのです。

クリック課金型でのアドネットワーク出稿

アドサーバーへ広告素材を入稿することは解説しましたが、アドネットワークの広告料金の1つに**クリック課金方式**があります。検索連動型広告やコンテンツ連動型広告で簡単に触れましたが、クリック課金型広告は、クリックごとに広告料金が発生します。そして、クリックごとの料金は、入札によって決められるのです。

アドネットワークは、複数のWebメディアの広告枠へ複数の広告主や広告代理店が出稿しています。そして、アドネットワークのアドサーバーは、ターゲティング設定されたWebメディアへ自動的に広告を配信していきます。

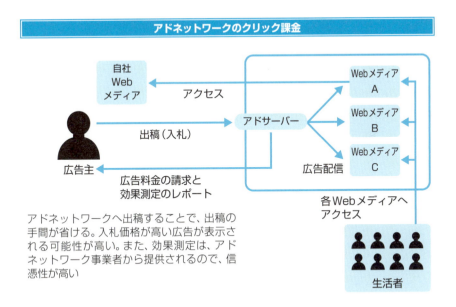

2-2 アドサーバーとアドネットワーク

　ここで問題となるのが、複数の広告主との競合です。自らが希望するジャンルに広告主が多いと、おのずと広告料金が入札制により高い設定となってしまい、低い広告料金設定であれば、表示機会が減ってしまいます。
　この点がデメリットといえるでしょう。

2-3 アドネットワークを連携させたアドエクスチェンジ

アドエクスチェンジは、メディアの広告枠へ入札する方式で、リアルタイムに競合とセリをするシステムになっています。また、複数のアドネットワークへ広告出稿できるメリットもあります。アドエクスチェンジの基本を見ていきましょう。

▶▶ アドネットワークからアドエクスチェンジへ

アドネットワークは複数のメディアの集合体でした。広告主や広告代理店は、それぞれのアドネットワークへ出稿しなければなりませんでしたが、さらなる手間を省くために登場したのが、**アドエクスチェンジ**です。

アドエクスチェンジは、読んで字のごとくで、広告枠を交換する仕組みです。つまりアドネットワークに登録されているメディアが持っている広告枠を交換するアドネットワークをつないだネットワークなのです。

アドエクスチェンジの時代となり、アドテクがさらに進歩しましたが、アドネットワークから変化した点を挙げてみましょう。ちなみにアドテクノロジーは、**アドテク**と略して、言われています。以降は、アドテクで解説します。

まず、課金システムですが、CPC（クリック課金型）とPPV（インプレッション課金型）が併用されていたアドネットワークでしたが、アドエクスチェンジでは**PPV**で広告枠を取引することに統一されました。

PPVへ統一されたことで、広告配信プラットフォームも統一され、さらなる利便性が高まりました。これに加え、広告枠への**リアルタイム入札**、英語でReal Time Bidding、略して**RTB**のアドテクも登場しました。

RTBは、広告主が指定した広告枠が表示される瞬間、つまりインプレッションが発生しようとすると、同じ広告枠を指定している競合の広告主同士の指値で自動的に入札を開始します。そして、高額の落札者の広告が競われた広告枠に表示されます。私たちの気づかないところで、リアルタイムに広告枠がアドテクの力で入札が行われているのです。このように、PPVと広告プラットフォームの統一、そしてリアルタイム入札のRTBがアドエクスチェンジの基本的な礎となって登場しました。

2-3 アドネットワークを連携させたアドエクスチェンジ

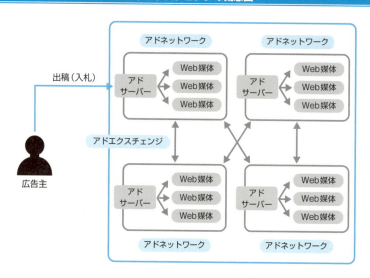

アドエクスチェンジの概念図

▶▶ アドエクスチェンジの仕組み

　アドエクスチェンジは、PPV（インプレッション課金型）に統一された広告枠の取引市場で、RTBにより入札して、広告を表示を競合と競います。RTBは、広告1回の表示ごとに、入札するのではなく、**CPM**単位で入札されるのです。

　CPMは、Cost per Milleの略で、広告表示回数であるインプレッション1,000回に対してのコストという意味です。アドエクスチェンジは、1つの広告枠を1,000回、競合と争います。

　例えば、広告枠を競う際に、A社が2,000円、B社が1,900円、C社が1,800円で入札した場合、A社が広告枠を落札します。ここまでは理解できると思いますが、落札額はどうでしょう。A社が2,000円で入札していたので、2,000円で広告枠を落札したと思いますが、実は1,901円でA社が落札しているのです。つまり、CPMの落札額は、「2番目の入札額＋1円」で計算されているのです。

　ちなみに、CPCであるGoogleの検索連動型広告場合は、広告がクリックされているか否かで判別される「品質スコア」と「入札金額」で「広告ランク」が決まり、独自の計算式で入札金額が決まります。異なる点を覚えておきましょう。

2-3 アドネットワークを連携させたアドエクスチェンジ

　さて、アドエクスチェンジに話を戻すと、「2番目の入札額＋1円」の価格設定は、**セカンドプライスビッディング**と呼ばれています。Googleの検索連動型も、次点の入札者の「品質スコア」と「入札金額」、「広告ランク」で計算されます。

　仮に広告枠に競合の入札者がいない場合は、入札金額になるのかと思われますが、こちらも見当違いです。広告枠の最低入札価格、これを**フロアプライス**といいますが、このフロアプライスに1円を足した額が、広告枠の購入価格となります。

　アドエクスチェンジは、親和性の高いメディアへ広告を一斉に配信するアドネットワークと異なり、広告枠単位で入札します。前述したように、入札額が高くならないようにアドエクスチェンジ側で設定され、効果がありそうな広告枠単位で細かく指定して、入札できるのです。アドエクスチェンジは、アドネットワークよりもさらに費用対効果の良い広告出稿が可能となった広告市場なのです。

　そして、アドエクスチェンジをさらに効果的に使うことができるのが、前述した広告主、広告代理店側のツールである**DSP**と媒体側のツールの**SSP**です。これらを説明していきましょう。

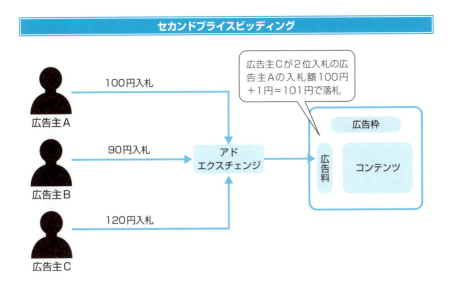

セカンドプライスビッディング

2-4 広告の効率性を高めるDSPとSSP

DPSとSSPは、アドエクスチェンジやアドネットワークを介して、さらに効率良くターゲットに広告をリーチさせるためのツールです。アドエクスチェンジは広告枠でしたが、DSPとSSPはアクセスしてくる生活者の属性に合わせた広告配信をします。概要を説明していきましょう。

▶▶ DSPとSSPとは何か？

DSPは、Demand Side Platformの略です。直訳すると「需要側のプラットフォーム」です。広告主や広告代理店が「ターゲットとしている潜在的な生活者がいるメディアに広告を出稿したい」との需要を叶えるためのプラットフォームです。

DSPは、アドネットワークやアドエクスチェンジを管理するためのツールで、DSPを活用することで、自らターゲティングした潜在的な生活者へ広告をリーチさせ、ネット広告の費用対効果を上げることができます。

一方、**SSP**は、Supply Side Platformの略で、広告枠を持っているメディア側などが利用するツールです。「Supply Side」でわかるように広告枠の供給側を示しています。

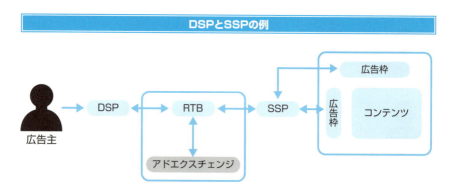

DSPとSSPの例

メディア側からすると、広告枠を少しでも高く売りたいと考えています。そのため、SSPを介して、アクセスしてきた生活者の情報を広告を出稿する広告主へ送信し、「このような生活者がアクセスしてきました」と伝えます。そして、広告主は、広告対象の生活者で、かつ広告枠の価格の折り合いがつけば広告枠を買おうとします。つまり、DSPとSSPはセットと考えればよいのです。

▶▶ 登場の経緯

2008年頃にアドネットワークが登場し、Cookieから判別して、ターゲットとなる生活者へ一斉に広告配信ができるようになりました。そして、2010年頃には、広告枠をターゲットとしてアドエクスチェンジが登場し、さらにネット広告の出稿の利便性が高まったのです。

アドネットワークやアドエクスチェンジが登場した頃、デジタル社会には、大きな波が押し寄せてきました。**スマートフォン**の登場です。iPhoneが2007年に登場し、Androidなどとともに普及しました。フィーチャーフォンの小さな画面と機能を進化させ、小さなパソコンのような機能を持ちました。このようなパソコンよりも身軽に使えるスマホによって、インターネット上の情報収集や購買行動が劇的に変化したのです。

変化はマーケティングにも及びます。今までは、4大メディアに代表されるマスマーケティングから、個々人へアプローチする**One to Oneマーケティング**にシフトしていきました。そして、ブログやSNSなどのメディアが登場し、出稿先への広告配信の手間を省くため、アドネットワークやアドエクスチェンジが登場してきたのです。

しかし、広告運用の煩雑さは依然として残りました。そこで、広告配信や運用の手間をさらに省くため、またアドテクノロジーの進化と相まって開発されたのが、DSPやSSPなのです。

2-4 広告の効率性を高めるDSPとSSP

アドテクノロジーの進化

黎明期のアドサーバー
インターネット広告は、コンテンツサーバーから配信されていたが、アドサーバーの登場により、広告配信から効果測定が容易になった。また、期間単位の出稿ではなく、インプレッションなどの新たな広告課金システムが登場

アドネットワーク アドエクスチェンジ
出稿の手間を省き、ターゲティングも可能なアドネットワークが登場。さらにアドネットワークを束ねたアドエクスチェンジが登場し、インターネット広告配信を大規模におこなえるようになった

DSP／SSP
広告主側のDSPとWebメディア側のSSPツールにより、広告枠への入札を自動化するとともに、効率化が図れるようになった

アドテクノロジーの進歩

▶▶ DSPとSSPの仕組み

　需要側であるSSPと供給側であるSSPは、セットで成り立っています。セットで利用することで、双方が効果を発揮することができます。前述しましたが、Webメディアにアクセスする生活者の性別、年代、嗜好性、行動履歴などの個人情報に合わせて、広告を表示する機能がDSP、SSPにあるのです。

　さらに詳しく説明しましょう。まずDSPと接続されたWebメディアへアクセスが発生します。SSPは、アクセスしてきた生活者の属性を複数のDSPへ送信します。生活者の属性データを受信したDSPは、自らの広告配信のターゲットであるか判別します。

　DSP利用の広告主は、ターゲットとなる生活者であれば、入札額を送信します。入札額を受け取ったSSPは、最高額を入札した広告主の広告を掲載し、生活者に表示される仕組みです。

　なお、ターゲットとしている生活者に広告は配信されますが、

- 広告の配信先がわからない
- DSPのツール利用料金が必要となる
- DSPはプログラムであるため、各DSPの特性が異なる

2-4 広告の効率性を高めるDSPとSSP

というデメリットもあるため、これらは導入時の注意点になるでしょう。

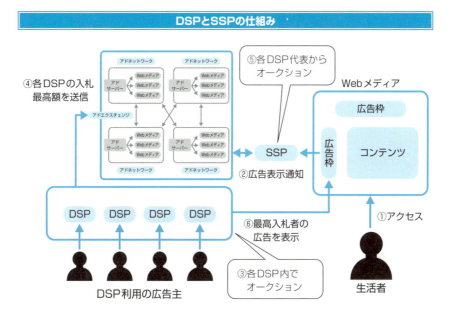

2-5 メディアをチェックする3PAS（第三者配信）

アドネットワークやアドエクスチェンジだけでなく、純広告やSEO対策までも監視し、効果測定してくれる3PASの基本的な知識を解説していきましょう。

▶▶ 貢献のあるメディアをチェックする第三者配信

3PASは、Third Party Ad Servingの略で、**第三者配信**ともいいます。3PASは、第三者を介して広告を配信するという意味ではありません。3PASは、広告出稿と効果測定を行うサーバーであるということです。

つまり、アドエクスチェンジやほかの純広告など、ネット広告を一括して配信し、効果測定する管理用のアドサーバーです。アドネットワークやアドエクスチェンジで広告を配信するのではなく、3PASによって配信する仕組みになっています。これにより、詳細な効果測定ができ、広告配信を俯瞰することができるサーバーと考えればいいかもしれません。

メリットとして大きいのは、コンバージョンが正確になる点が挙げられます。複数のアドネットワークなどに、まとめて出稿しているため、効果測定を横断して計測できます。つまり、個々のアドネットワークの数値を横断して得られるため、生活者1人あたりの広告クリック回数まで把握できるのです。

効果測定できる広告の種類は、純広告やアドネットワーク経由のディスプレイ広告、そして検索連動型広告に加えて、検索エンジン経由でのアクセスであるオーガニックサーチ（自然検索）の効果測定も可能です。SEO対策の効果測定も可能としたサーバーなのです。

広告の目的は、様々ですが、例えばECサイトの場合、商品を売ることが目的です。そして商品が売れる目的を達成したことを「コンバージョンを獲得した」といいます。このコンバージョン獲得に効果のあった広告やメディアを把握でき、コスト面も把握できます。広告を出稿しているメディアを縦横無尽に監視し、そして広告やメディアのコンバージョンへの効果測定*するのです。

3PASの概要は、次ページの図のようになります。3PASは、DSPとデータ連携

***効果測定** コンバージョンを的確に判断する分析手法をアトリビューション分析という。217ページを参照。

2-5 メディアをチェックする3PAS（第三者配信）

することで導入することができます。広告主や広告代理店は、DSPに広告出稿しますが、ここで注意したいのが、3PASが広告を配信することです。DSPが広告を入札し、広告枠を落札後、その旨を3PASへ伝えます。3PASは、DSPの情報を元に、広告をメディアへ配信する仕組みです。

　純広告、検索連動型広告は出稿先と3PASがデータ連携されているため、これらの効果測定もできるようになっています。3PASは、広告配信を直接行うことにより、広告に関するデータの詳細を得られる仕組みともいえます。

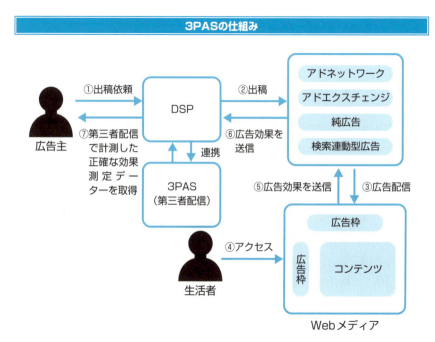

3PASの仕組み

2-6 様々な個人情報を取得するCookie

Webサイト側が指定したデータをWebブラウザに保存し、生活者の様々な情報を取得するCookieの機能について解説します。

▶▶ Cookieで広告を表示とは

　アドネットワークでCookieで広告を表示させると解説しましたが、そもそも「Cookieとは何だろう」と思っている方もいるので、Cookieについて解説しておきましょう。

　Cookieとは、アクセスしたWebサイトからパソコンやスマホのブラウザに保存される情報のことをいいます。Cookieを見ると、どこのWebサイトへ訪問したのかが理解できるようになっています。つまり、Webサイトへアクセスする訪問履歴ともいえるものです。

　こんなことを聞くと、Cookieを削除してしまいたいと思うかもしれません。しかし、Cookieには、ネットサーフィンを快適に行える機能があるのです。一番、快適さを提供している機能といえば、IDとパスワードをブラウザに記憶させておくことで、再入力せずにログインできる機能です。これは、Cookieのお役立ち機能の1つといえるものです。

　また、様々なWebサービスもCookieなしでは受けられないケースもあります。例えば、ネットショッピングやネットバンクです。

　このように、ネットサーフィンで重要な役割を果たしてくれるCookieですが、アドネットワークの広告配信時にアドサーバー側が生活者のブラウザのCookieをのぞき込んで、広告主の広告とマッチングさせて広告を表示させています。個人は特定できないものの、プライバシーの侵害であるとの考え方もあります。

　iPhoneやMacのブラウザであるSafariでは、将来的にCookieが使われないようにする方針だと、2018年6月に発表しています。広告配信の面でも要チェックな話題です。

▶▶ Cookieと行動ターゲティング

行動ターゲティングという言葉がしばしば登場したので、解説しておきましょう。行動ターゲティングは、広告配信効果を最適化する技術です。行動ターゲティングは、**BTA**（Behavioral Targeting Advertising）ともいわれます。生活者の行動パターンからターゲットを絞るのですが、この行動パターンは、日頃の行動ではなく、ネットサーフィンの履歴を元にターゲティングしているのです。

生活者の行動パターン分析は、Webブラウザの**Cookie**の機能に隠されています。前述したようにCookieは、Webサイト（Webサーバー）側が指定したデータを保存しておくことができ、生活者の様々なデータを取得します。

例えば、利用者の識別や属性、Webサイトへのアクセス履歴など様々な個人情報です。一部には、プライバシー侵害であるとの問題もありますが、行動ターゲティング広告は、この仕組みを活用した広告です。簡単に考えると、Cookieを元に、様々な行動ターゲティング広告が生活者へ配信されるのです。

リターゲティング広告も、行動ターゲティング広告の1つです。広告主のWebサイトに一度訪れたことのある生活者に対して、ほかのWebメディアの広告枠に再来を促すための広告を配信するというものです。行動ターゲティング広告の1つであり、Cookieを利用したリターゲティング広告を合わせて覚えておくとよいでしょう。

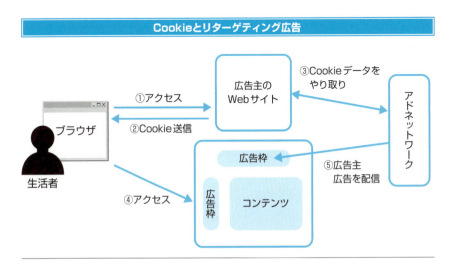

Cookieとリターゲティング広告

▶▶ first party と third party

アクセスログ解析ツールは、**first party Cookie**(ファーストパーティクッキー)を利用しています。これは何を意味するのかというと、アクセスしたWebサイト内での行動をトラッキング*する機能があるということです。

しかし、生活者がほかのWebサイトにアクセスした場合は、first party Cookieでは情報をトラッキングできません。では、ネット広告のターゲティングはどのようなCookieで行われているのかというと、もう1つのCookieであるthird party Cookieが活用されています。つまり、Cookieには、大きく分けてfirst party Cookieと**third party Cookie**(サードパーティクッキー)の2種類が存在します。

●first party Cookie

first party Cookieは、自社で取得したCookieです。会員登録した場合、前述したように会員証のようにWebブラウザに保存されます。会員登録しなくても、Cookieを発行しているWebサイトであれば、そのCookieがアクセスしてきた生活者のWebブラウザに保存されます。いわば、Webサイトのサーバーと生活者のWebブラウザを紐づけし、Webサイト内での行動をトラッキングする機能があるということです。

●third party Cookie

third party Cookieは、生活者が訪れたWebサイトにバナー広告などのネット広告が配信されている場合、広告を配信しているアドサーバーなどの第三者サーバーから発行されます。

first party Cookieと異なり、横断的にトラッキングすることができます。つまり、Aサイトに掲載されている広告から送信されたthird party Cookieは、BサイトへアクセスしたこともトラッキングしI、把握することができるのです。

ショッピングサイトに訪れた後に、ほかのWebサイトへ移動すると、ショッピングサイトの広告が表示されることがあります。これもthird party Cookieが利用しているWebブラウザ内に保存されているためです。

このような広告表示手法が前述した**リターゲティング広告**です。Cookieが広告表示の下支えをしているとも言えます。

＊**トラッキング** アクセスしてきた生活者がWebサイト内でどのページを閲覧しているのかを追跡すること。

2-6 様々な個人情報を取得するCookie

なお、生活者の中には、トラッキングされていることを快く思っていない人もいます。そこで、AppleがITP（Intelligent Tracking Prevention）を推奨し始めたのです。簡単に言えばトラッキング防止機能で、実際にSafari 11からITPが搭載されており、この先もCookieの規制に乗り出しました。

2019年3月現在、ITP2.0となっており、third party Cookieは即時に廃棄されてしまいます。広告業界に影響を与えているので、広告表示の機能とセットで覚えておくとよいでしょう。

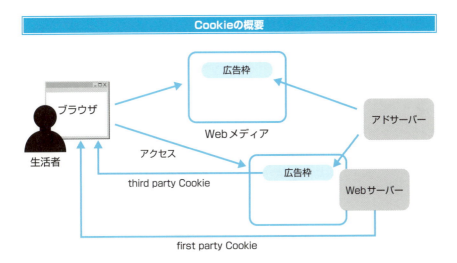

Cookieの概要

2-7 広告詐欺を撃退するアドベリフィケーション

広告枠を持ったメディアが増加し、従来の純広告の出稿方法が追いつかなくなり、アドテクノロジーが発展しました。しかし、アドテクノロジーの裏を突いた不正を行う輩も登場し、広告料金を不正に着服することも可能になりました。これに対応するのがアドベリフィケーションです。

▶▶ 広告を不正にクリックするアドフラウド

アドフラウド（ad fraud）は、日本語で**広告詐欺**や**不正広告**と呼ばれています。広告のクリックや表示を不正に行い、広告料金を着服する手口です。

様々なアドフラウドの手口がありますが、代表的な手口としては、Bot*を使って、PPVのCPMを表示回数を稼いで、不正な広告料金を手に入れるという手口があります。Botがサイトにアクセスし、広告を表示させたように見せかけるのです。

海外では、広告主があまりにも多額な広告費を請求され、訴訟に発展したケースもあります。日本でも、あるTV番組でアドフラウドを取り上げ、某自治体のふるさと納税に関するネット広告が意図しない公序良俗に反するWebサイトに広告が掲載されていた例もあり、被害が後を絶ちません。

そこで、登場したのがアドベリフィケーションです。

アドフラウドの手口例

```
┌─────────────┐
│ Bot    Bot  │              巨額な広告費
│    Bot      │─不正表示→┐      請求
│ Bot    Bot  │           │  ┌─────→ 広告主
└─────────────┘        広告枠
       ↑                   │
       │                 詐欺師
       └──── コントロール ──┘
```

＊ **Bot** Robotの略で、自動的にタイマーのように、決められた文言をTwitterにツイートするなどが有名。

▶▶ アドフラウドを撃退するアドベリフィケーション

　アドテクノロジーの進化に伴って、アドネットワーク、アドエクスチェンジ、そしてDSPでの広告配信など、利便性の高い機能が登場し、潜在的な生活者へ広告を配信できるようになりました。

　しかし、アドフラウドが登場したことで、広告費の不正請求などと相まって、正しいターゲットへ広告がリーチしていくか否かの真偽を疑う風潮が出てきました。

　そこで、公正性の確保等を目的として、登場したのが**アドベリフィケーション**（ad verification）です。広告である「ad」と検証を意味する「verification」の造語です。この意味からもわかるように、アドベリフィケーションは広告枠を検証するツールです。

　広告枠を検証する機能の代表例としては、公序良俗に反するメディアに広告が表示されていないかを検証する**ブランドセーフティ**（brand safety）があります。広告主の企業イメージを悪意あるメディアに表示させないようにしています。

　その他、Botのアクセスによる広告不正表示、広告枠外表示などを検証し、Webページの見える場所に、生活者へネット広告が表示されているか否かを判断します。これを**ビューアビリティ**（viewability）といい、広告表示の適正性を確保します。

　このような機能がアドベリフィケーションの機能として挙げられ、DSPと連動して役割を果たしています。今までのDSPは、広告枠があるWebサイトに広告主の意図としている潜在的生活者がアクセスしてきた場合に、広告をRTBによって入札し、広告枠を獲得していました。しかし、アドフラウドにより広告表示を検証しなければいけません。そこで、アドベリフィケーションとDSPを連携して、アドフラウドを阻止するなどを実行しているのです。

　執筆時にアドベリフィケーションを利用していない大手企業もあるのかと確認したところ、上場企業のネット広告が公序良俗を反するまではいきませんが、イメージを損ないそうなWebメディアへネット広告が掲載されていました。せっかく築いたブランドを傷つけるような事態を起こさないために、アドベリフィケーションを活用すべきでしょう。アドネットワーク黎明期で発生していた広告主の意図しないWebメディアの広告掲載も、アドベリフィケーションで防止できるようになったのです。

2-7 広告詐欺を撃退するアドベリフィケーション

アドベリフィケーションの仕組み

```
アドベリフィ         アドフラウド
ケーション          だから
                   配信はダメ!

                                    Bot   Bot
                                      Bot
                                    Bot   Bot

        配信しない                      ↑
  DSP ──×── SSP ←─────── 広告枠
      ←─────

                                        詐欺師
```

　前述したIABでは、ガイドラインを作成し、アドベリフィケーションに関する機能を規格化しています。それによると、前述した内容に加えて、「広告閲覧者のいる場所・地域指定」「競合との同載禁止」「広告掲載の不正検知」なども含まれ、総合的にチェックできます。

　アドネットワークからネット広告を配信して、効果も出てきていると感じても、その裏には目的としていないWebメディアへ広告が配信され、同時にブランドイメージを損なっている可能性もあります。

　2011年くらいからいくつかのツールが登場しています。また、アメリカの広告主の間では、アドベリフィケーションの活用が常識となっているようです。

　便利なアドネットワークの活用時に、アドベリフィケーションの導入も一緒に考えるとよいでしょう。

2-7 広告詐欺を撃退するアドベリフィケーション

Webサイトの監視

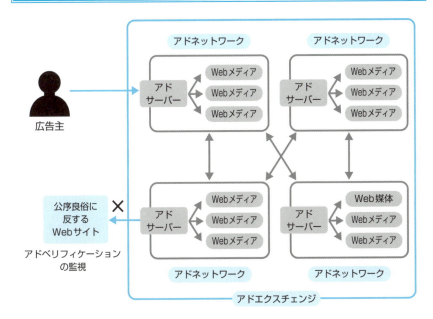

2-8 広告主とメディアを限定するPMP

様々なアドテクノロジーの基本的な仕組みを解説してきましたが、日進月歩のテクノロジーで成り立っています。最近、登場したアドテクノロジーであるPMPを紹介します。

▶▶ 選りすぐりの広告主とメディアで成立するアドネットワーク

　アドネットワークは複数のメディアの集合体で、誰もが参加できるネットワークでした。アドエクスチェンジも然りです。しかし、前述したようなアドフラウドの問題であったり、SSP側が広告を要求する複数のメディア、例えばブログやアプリなどに束ねて広告を販売するため、意図としないメディアへ広告が掲載されることもありました。そこで、アドベリフィケーションが登場したのです。

　一方、「ものは考えよう」で、広告主とメディアを限定したアドネットワークを作ろうという発想も生まれました。そこで、登場したのが、**PMP**（Private Market Place）です。マーケットプレース（Market Place）は、全般的にネット上でも商品の売買をするWebサイトです。BtoBの資材調達のほか、身近なところで言えば、ヤフオク！もマーケットプレースです。

　ネット広告のマーケットプレースも以前から存在していましたが、PMPは、2013年にアメリカで始まったアドネットワーク取引の考え方で、日本では2016年頃から導入され始めました。

　SSPの要請にもとづき、DSPがRTBで入札して広告を配信し、企業を限定せずに広告を配信していたのですが、PMPは参加者を限定して広告枠を販売できるアドネットワークです。広告主は、メディアの情報が開示されているため、意図しない出稿先のメディアを把握でき、希望しないメディアでの露出を避けることができるため、ブランドイメージを保つことができます。広告効果が良ければ、再度同じメディアへ出稿も可能です。

　メディア側は、自社の利用者とマッチングした広告が配信され、収益獲得の可能性が高い広告が配信されます。まさにWin-Winの関係となるメリットがあるのです。

▶▶ PMPの出稿方法

　かつての広告のマーケットプレースは、広告主が純広告のように広告枠を指定して購入していました。この仕組みは、PMPも変わりませんが、RTBを採用したケースに加え、固定単価制、在庫予約制を採用しているケースもあります。それぞれを説明していきましょう。

●RTB形式

　まずは**RTB形式**ですが、今までのRTBは「Open Auction」であり、広告主、メディア運営者、誰でも参加できる市場でした。
　しかし、PMPでは「Invitation Only Auction」を採用して、PMP側で限定した広告主の広告と限定されたメディアの広告枠のみが入札に参加できる仕組みになり、広告と広告枠の質を高めました。

●固定単価制

　固定単価制（Unreserved Fixed Rate）は、**非予約型優先取引**や**プリファードディール**と呼ばれ、RTBのようなオークションは行われません。純広告と似て非なる手法で、広告主とメディア側が広告配信前に広告単価を同意し、かつ広告を配信するメディア利用者の属性、つまりオーディエンスも同意して、広告が配信されます。
　通常の純広告と異なり、さらにターゲットを絞って広告を出稿できます。

●在庫予約制

　在庫予約制（Programmatic Guaranteed）は、「Private Deal」などとも呼ばれています。固定単価であり、CPM、期間、インプレッションが純広告のようにすべて決まっている取引で、広告主の望む利用者へ広告が配信される仕組みです。

　PMPはオークションが行われない広告取引もあり、プログラムで純広告が出稿できる「Programmatic Direct」を実現します。
　広告の掲載費用は高くなる傾向にありますが、安全かつオーディエンスターゲティングが緻密に設定できるメリットがあります。

2-8 広告主とメディアを限定するPMP

RTBとPMP

種類	入札	説明
Open Auction	RTB（入札制）	非会員制（誰でもOK）
Invitation Only Auction		招待制
Unreserved Fixed Rate（固定単価制）	Programmatic Direct（非入札制）	CPM→固定料金 インプレッション保証→なし 期間保証→なし
Programmatic Guaranteed（在庫予約制）		CPM→固定料金 インプレッション保証→あり 期間保証→あり

第3章

ネット広告の種類と仕組み

これまでにアドテクノロジーや広告業務で必要な基本知識を解説してきましたが、実際に出稿するネット広告の種類を知らなくてはいけません。本章では、ネット広告全般およびPC関連の広告を解説します。

3-1 ネット広告の種類

ここからは、様々な種類があるネット広告を解説していきます。ネット広告は、主にPCのブラウザで表示される広告、そしてスマホのブラウザやアプリなどで表示される広告があります。これらの広告の仕組みを紹介していきましょう。

▶▶ 4つのカテゴリーがあるネット広告

　ネット広告を表示するデバイスで分類すると、3つのカテゴリープラスαに分類することができます。まず、PCで表示される広告、スマートフォンやタブレットで表示される広告です。これらのデバイスが主流になりますが、いまだに人気のあるフィーチャーフォン(携帯電話)の広告も存在します。

　Google広告は、2015年6月をもってモバイル広告(従来型)の配信停止をしましたが、キャリアのドコモのiモードやポータルサイトに配信されるアネモネリスティングなどが、2019年3月現在も検索連動型広告を配信しているので、1つのカテゴリーに分類してあります。

　最後のプラスαはSNSです。TwitterやFacebookなどのSNS上で表示される広告ですが、PCとスマホがメインとなります。フィーチャーフォンは、Amebaが2019年3月現在でも利用できますが、PCとスマホが主体であると考えておいたほうがよいでしょう。

　各ディバイスの広告は、ネット広告の種類によって相互に共通項がある場合もあります。すべてに共通する枠売り広告の純広告、リスティング広告である検索連動型広告は、PC-Web型やフィーチャーフォン型、スマホ型に存在します。コンテンツ連動型広告は、PC-Web型やスマホ型に絞られました。

　SNS広告も同様にPC-Web型、スマホ型に分かれますが、広告の目的がPC-Web型とスマホ型で異なることもあります。例えば、Facebook広告でいえば、PC-Web型はFacebookページのファン募集や、Facebookから自社ページへのリンクなどを作成します。一方、スマホ型では無料アプリから、ほかのアプリのダウンロードを促す広告も出稿できます。アプリのダウンロードを促す広告をクリックするとiPhoneであれば「App Store」に、Androidであれば「Google Play」のアプ

3-1 ネット広告の種類

リのページに移動します。

　このように各カテゴリーの特性を活かしたオリジナルの広告もあれば、リスティング広告のように、どのデバイスでも表示される広告もあるのです。前述したとおり、世代などのセグメントに合わせて、出稿先を選定した方がよいでしょう。また、ネット広告は、形状と配信方法に分けて、理解すると整理が容易です。ネット広告の形状と配信方法の一部を図にしました。これらも合わせて、参考にしてください。

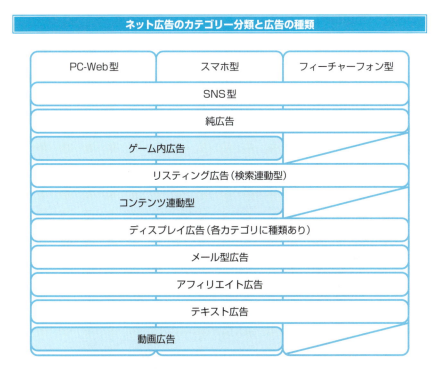

ネット広告のカテゴリー分類と広告の種類

PC-Web型以外も進むアドネットワークへの出稿と広告制作

　アドネットワークは、PC-Web型以外のスマホ型やモバイル型にも配信できます。例えば、キャンペーン用のWebサイト構築して集客したい場合、PC-Web型だけでなく、スマホ型のバナー広告を制作した後、アドネットワークに配信して、PCとスマホへキャンペーンを告知し、Webサイトで詳細を解説できます。

3-1 ネット広告の種類

　ただし、生活者のアクセシビリティを考えて、PCとスマホに対応したレスポンシブデザインのWebサイトにしなければなりません。**レスポンシブデザイン**とは、アクセスしてきた生活者のデバイスに合わせて、Webサイトを表示させる手法です。このように広告だけでなく、広告のゴール地点となるWebサイト側でも配慮が必要なのです。

　デバイスに合わせた広告制作は、通常は制作会社が行いますが、最近では**Google Web Designer**というツールで作成できます。Google Web Designerは、HTML5やCSS3、JavaScriptなどの専門的な知識を必要とせずに、ネット広告などのコンテンツを作成できます。広告費の限られた会社でバナー広告を出稿してみたいという場合は、試しに活用してみましょう。

Google Web Designer

▼Google Web Designer
https://www.google.com/webdesigner/

3-1 ネット広告の種類

▶▶ ディスプレイ広告とは

　ディスプレイ広告は、Webブラウザに表示されるネット広告のことです。また、黎明期から存在する**バナー広告**も含まれます。バナー広告は画像や写真、そして画像化された文字で構成される広告ですが、最近では、様々な種類が登場しています。例えば、FlashやCSSなどで作成されたアニメーション化された広告や、ストリーミング配信される動画を活用したテレビCMのような広告なども見覚えがあるでしょう。

　さらに広告上にマウスカーソルを移動させると、広告がブラウザの画面いっぱいに拡大する**エクスパンド広告**や、ブラウザの画面上をウロウロしているアニメショーンの犬がいて、生活者が「何かな？」と思ってクリックすると、ほかのWebサイトやページに移動し、関連した広告を表示させる**フローティング広告**などもあります。これらは**リッチメディア広告**といい、ディスプレイ広告の1つです。

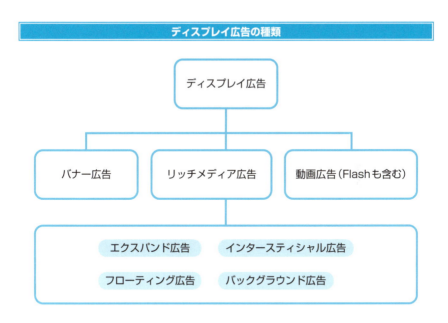

ディスプレイ広告の種類

3-1 ネット広告の種類

▶▶ バナー広告の課金方法

　アドサーバーでネット広告に課金され、さらに広告の表示方法によって課金が異なると説明しましたが、ここで詳細を解説します。

　課金方法には、「インプレッション保証型」「クリック保証型」「クリック報酬型」「期間保証型」「成果報酬型」の主に5つの方法があります。特別なケースを除いて、どの広告モデルでも利用されている課金方法です。次に解説するバナー広告を例に順番に解説していきましょう。

●インプレッション保証型

　インプレッション保証型は、出稿しているバナー広告が表示された回数に応じて、代金が発生する課金方法です。表示回数は、広告出稿前に決めます。表示1回の単価を1PV（ページビュー）といい、例えば、50,000回表示される契約をするのであれば、50,000PVという契約になります。PVは「Page View」の略で、Webサイトの訪問者のブラウザに1ページ表示されると1ページビューになり、1PVとなるわけです。そのため、**ページビュー保証**や**PV保証**と呼ばれる場合もありますが、インプレッション保証型という呼び方が一般的です。

　あくまでも表示という意味での計算なので、Webサイトを訪問した生活者がページをゆっくり閲覧せずに、ウィンドウを即座に閉じても1PVとなります。

　広告主がバナー広告の表示状況をどのように知るかというと、次ページの図のように、出稿しているバナー広告がWebサイトに表示されたら、表示レポートを出稿先のWebサイトから受信する流れになっています。

　前述しましたが、広告が1回表示されることが1インプレッションであり、「1imp」もしくは「1imps」と表記します。

●クリック保証型

　表示回数で広告料金が発生するのではなく、クリックされた数に応じて料金が決定する課金方法が**クリック保証型**です。バナー広告などがクリックされる回数と、クリック1回あたりの単価を出稿時に決め、一定期間内のクリック回数を保証します。

3-1 ネット広告の種類

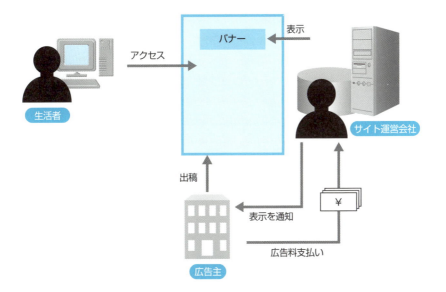

インプレッション保証型の仕組み

　クリック保証型は、**PPC広告**とも呼ばれています。PPCは「Pay Per Click」の略で、日本語に訳すと「クリックごとの支払い」、つまり生活者がバナー広告をクリックするたびに広告代金が発生する課金方法です。

　インプレッション保証型よりも費用対効果が高いため、多くの広告主に活用されています。後述する検索連動型広告やコンテンツ連動型広告もクリック保証型であり、広告の内容に興味を持った生活者を自社のWebサイトへ誘導できるというメリットがあります。

　後にも解説しますが、自らのサイトにコンテンツ連動型広告を貼り付けて、アフィリエイトのように稼ぐWebメディアの運営者も活用します。クリック保証型の仕組みは、次ページの図を参照してください。

3-1 ネット広告の種類

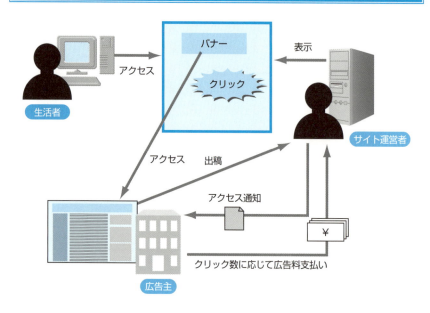

クリック保証型の仕組み

● 期間保証型

　読んで字のごとく、バナー広告を1週間単位や1ヵ月単位などで一定期間掲載し続けるのが**期間保証型**です。単位が明確なので、広告主は安心して出稿できるメリットがあります。

● 成果報酬型

　アフィリエイト広告などで利用される課金システムが、**成果報酬型**です。こちらも主流になっており、出稿したバナー広告をクリックした生活者が、実際に広告主のWebサイトで商品などを購入した場合に広告料金が発生します。

　成果があった場合の課金なので、広告掲載に対してのリスクが少なくなりますが、その分、課金の割合は高めになります。後述するアフィリエイト広告とも関連があるので、次ページの図に示した成功報酬型の流れを覚えておくといいでしょう。

3-1 ネット広告の種類

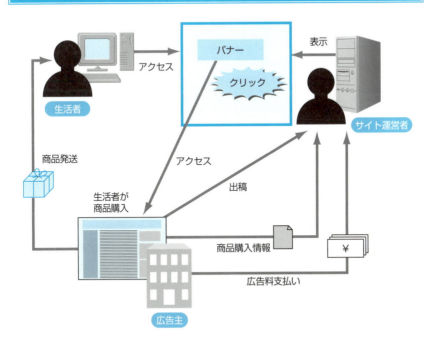

成果報酬型の仕組み

▶▶ スマホなどからの問い合わせ電話で課金

　スマホ生活者が増加し、「検索もスマホで」という生活者が多くなる中、**PPC広告**が注目を浴びています。

　PPCは「Pay Per Call」の略で、Pay Per Clickと同じように従量課金制の広告で、問い合わせ電話があるごとに広告料金として課金されるシステムです。アメリカでは以前からPay Per Callの仕組みがありましたが、日本でも利用されるようになりました。

　その好例がYahoo!ロコの各店舗に掲載されている電話番号です。Yahoo!は、日本法人「PayPerCall」と提携し、Pay Per Callのシステムを導入しています。各店舗の電話番号をクリックすると、通話かキャンセルを選択でき、生活者が問い合わせ電話をかけた場合に課金されます。

　新たな広告とは言いがたいですが、スマホの登場で日本にも導入されました。

3-2 バナー広告

PC-Web型　スマホ型　フィーチャーフォン型　広告フォーマット

バナー広告の種類とサイズを説明した後、バナー広告が表示される仕組みについて説明します。

▶▶ バナー広告の種類とサイズ

　最初のネット広告は、1994年にアメリカの「ホットワイアード」に掲載されたAT&T社の**バナー広告**です。今から15年以上も前の話ですが、これを機に各社がバナー広告を出稿するようになりました。

　当時のバナー広告のサイズは横幅が468ピクセル、そして縦が60ピクセルで、「468×60」のGIFバナーでした。このサイズは今でも**レギュラーバナー**といわれ、スタンダードなバナー広告のサイズとなっています。

　ここでバナー広告のサイズについて説明しましょう。バナー広告には、468×60のレギュラーバナーのほかに、いくつかのサイズがあります。まずは次ページの表に示したバナーのサイズと種類を参考に解説していきましょう。

　バナー広告とひと言でいっても、日本には4種類あることがわかります。このバナーの種類は、インターネット広告推進協議会が推奨する規格で、日本のWebサイトのほとんどが、この規格に沿ったバナー広告を掲載しています。

　インターネット広告推進協議会は、前述したようにマスコミ各社やポータルサイト系運営会社、そして広告代理店などが集まり、ネット広告の基準について業界内で統一したガイドラインを策定したり、付帯する様々な課題を検討するために1999年5月12日に設立された団体です。

　アメリカにもIAB（Internet Advertising Bureau）というネット広告の協会もあり、バナーに関する規格が策定されています。IABはアメリカのほか、ヨーロッパや南米、オーストラリアやシンガポールにあり、各国のPC-Web型広告はIABの規格に合わせて制作されています。

　さて、日本のバナー広告ですが、前述したように4種類あり、バナー広告、スカイスクレーパー広告、バッジ広告、レクタングル広告の種類に分かれています。

3-2 バナー広告

●バナー広告
純粋な横長の広告で、ページ上部や中段、下段に掲載されている広告です。

●スカイスクレーパー広告
縦型の広告で、垂幕のようにページの左右に配置されています。

●バッジ広告
ページ上でのスペースが比較的小さく、正方形に近い広告です。バッジ広告も左右両サイドに掲載されています。

●レクタングル広告
バッジ広告を大きめにした正方形に近い形の広告です。記事内などの上下左右に配置されて、掲載されています。

バナー広告のサイズと容量

種類	種類	サイズ	容量
バナー	スモールバナー	224x33 ピクセル	10KB 以内
	レギュラーバナー	468x30 ピクセル	20KB 以内
	ラージバナー	728x90 ピクセル	30KB 以内
スカイスクレーパー	レギュラースカイスクレーパー	120x600 ピクセル	30KB 以内
	ワイドスカイスクレーパー	160x600 ピクセル	40KB 以内
	ラージスカイスクレーパー	148x800 ピクセル	50KB 以内
バッジ	スモールバッジ	120x60 ピクセル	10KB 以内
	レギュラーバッジ	120x90 ピクセル	15KB 以内
	ラージバッジ	125x125 ピクセル	20KB 以内
レクタングル	スモールレクタングル	200x200 ピクセル	30KB 以内
	レギュラーレクタングル	300x250 ピクセル	40KB 以内
	ラージレクタングル	336x280 ピクセル	50KB 以内

第3章 ネット広告の種類と仕組み

3-2 バナー広告

バナー広告の種類（インターネット広告推進協議会の推奨フォーマットによる）

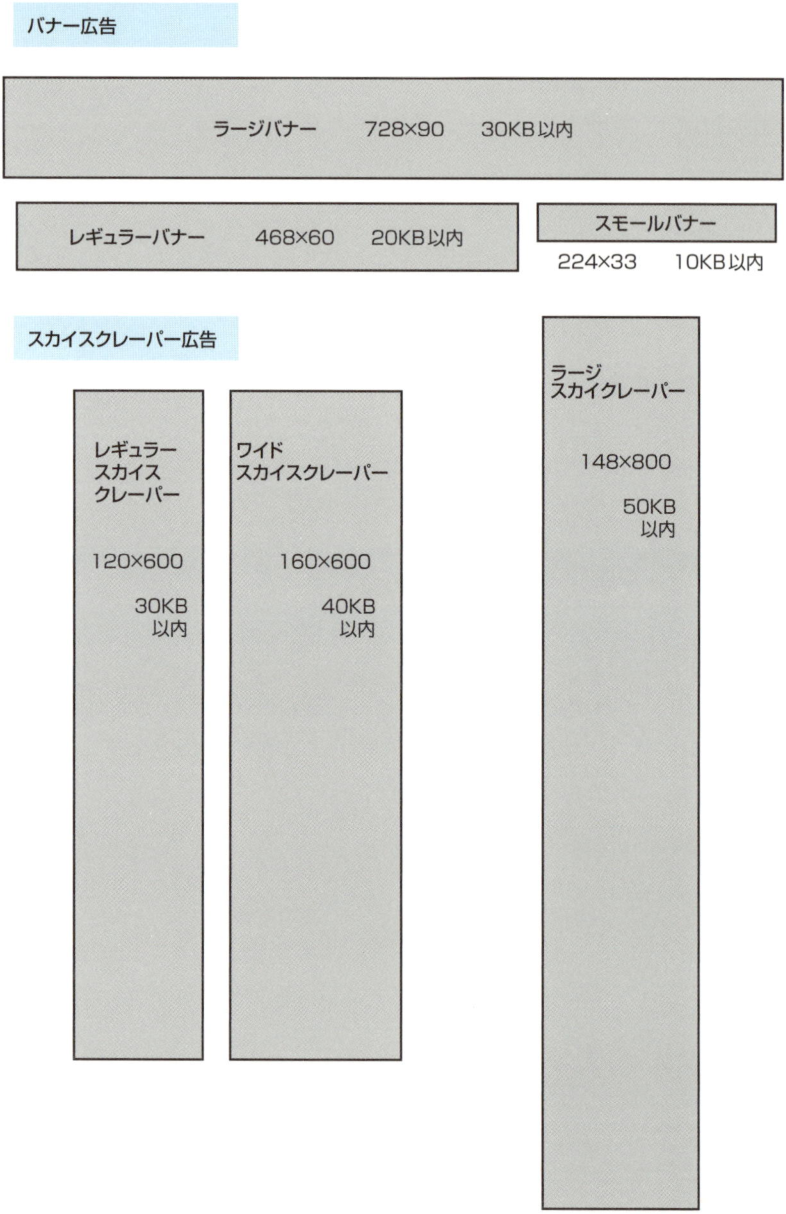

バナー広告

- ラージバナー　728×90　30KB以内
- レギュラーバナー　468×60　20KB以内
- スモールバナー　224×33　10KB以内

スカイスクレーパー広告

- レギュラースカイスクレーパー　120×600　30KB以内
- ワイドスカイスクレーパー　160×600　40KB以内
- ラージスカイクレーパー　148×800　50KB以内

3-2 バナー広告

バッチ広告

ラージバッチ
125×125
20KB以内

レギュラーバッチ
125×90
20KB以内

スモールバッチ
120×60　10KB以内

レクタングル広告

ラージレクタングル
336×280
50KB以内

レギュラーレクタングル
300×250
40KB以内

スモールレクタングル
200×200
30KB以内

第3章　ネット広告の種類と仕組み

3-2 バナー広告

バナー広告の掲載位置

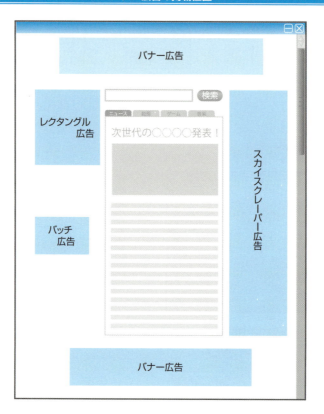

COLUMN 固定型バナーとローテション型バナー

　固定型バナーは、ページの固定位置に表示されるバナー広告です。一方、ローテション型バナーは、1つのバナー広告枠に、交換されて表示される広告です。ローテーションは回転や交替などを意味しており、複数のページをまたがって表示される場合もあります。

　インプレッション保証型になり、ローテーションバナーが主流ですが、Webメディアによっては、固定型バナーを活用しているケースもあります。

Webページへのバナー広告の表示の仕組み

　バナー広告に出稿した場合、どのように表示されるかをアドテクノロジーの部分で解説しましたが、再度解説しましょう。アクセスしたWebサイトをリロードすると、異なるバナー広告が表示されることに気付いた方もいると思います。これが**ローテション型広告**ですが、ページの内容が一緒なのに、なぜ広告の表示だけが切り替わるのだろうと疑問に思ったはずです。

　実はバナー広告は、表示されているWebサイトの記事などを配信するコンテンツサーバーとは異なったサーバーから配信されているのです。このバナー広告を配信するサーバーが前述した**アドサーバー**になります。

　下の図を参照ください。Webサイトにアクセスした段階で、そのページの広告スペース部分だけは「バナー広告スペースの画像は、別のサーバーへリンクする」というタグ語が記述されています。生活者がアクセスする記事などが書かれたWebサイトは、一般的なサーバー、ここでいうところのコンテンツサーバーから提供されますが、バナー広告の画像は、バナー広告が保存されているアドサーバーから提供されるのです。

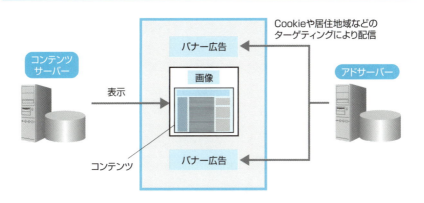

バナー広告表示の仕組み

3-2 バナー広告

　アドサーバー側では、各バナー広告を表示させる比率などがプログラムされています。アドテクノロジーや前述した課金方法は、コンテンツサーバーとアドサーバーを分けることで可能になりましたが、**ターゲティング**についても同様のことがいえます。詳細を解説しましょう。

　オプトインメール広告でも、ターゲティングが可能ですが、あくまで受信者の許諾を得て配信する方法でした。しかし、Webサイトには誰がアクセスしてくるかわかりません。どのようにターゲティングをするのか不思議ですが、アドサーバー側でアクセスしてくる生活者のドメインやIPアドレス、そして使用しているOSやブラウザの種類、ブラウザのCookieファイルなどを読み込んで、表示するバナー広告を選別して表示しているのです。それゆえ、ある程度のターゲティングができるというわけです。

　また、会員制のポータルサイトやECサイトでは、アドサーバーと会員用個人情報を記録したデータベースサーバーを配置し、各生活者の嗜好に合ったバナー広告を表示する仕組みになっています。例えば、Amazonで閲覧した商品が、ほかのサイトのAmazonの広告に表示されるのも一例です。これもターゲティングの一種です。

　次ページの図に概要をまとめてみてみましたが、バナー広告のターゲティングはアドサーバーによって可能となっており、さらにCookieのデータを元にデータベースサーバーによって、生活者の嗜好に合わせて広告を表示できるようになっているわけです。

　基本的に、後述するリッチメディア広告やエクスパンド広告などのPC-Web型の表示の仕組みは、アドサーバーを使って表示していることを覚えておきましょう。

　また次ページ下の画像は、楽天のターゲティングの配信例です。アクセスしたWebメディアに、行動ターゲティングのアフィリエイト広告が掲載されていたため、筆者が楽天ショップでアクセスした商品の広告を表示しています。

　この広告で表示される広告は、生活者ごとに異なる点も特徴です。

3-2 バナー広告

バナー広告のターゲティングの仕組み（会員制の場合）

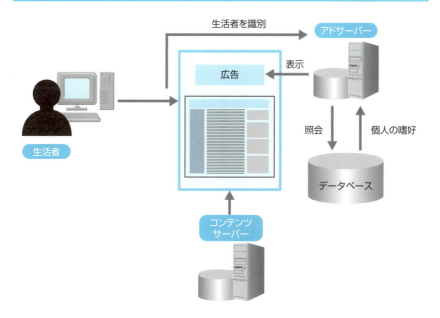

第3章 ネット広告の種類と仕組み

楽天のターゲティングの配信例

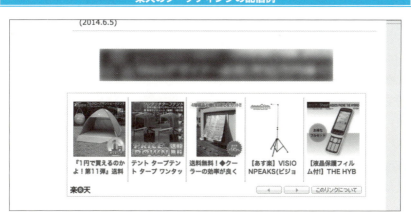

3-3 リッチメディア広告

`PC-Web型` `スマホ型` `広告フォーマット`

リッチメディア広告はディスプレイ広告の1種で、バナー広告よりも表現力が豊かです。クリエイティブ性が高く、視覚的に驚きを与える広告ともいえます。広告サイズは、バナー広告の規格に合わせて制作されているケースが多くありますが、イレギュラーな広告もあります。

▶▶ リッチメディア広告の種類と概要

バナー広告がインターネット黎明期からの定番広告とすると、インターネット回線速度の高速化、そしてアドサーバーの登場など、アドテクノロジーの進化で生まれたのが**リッチメディア広告**です。

リッチメディア広告は、バナー広告よりも生活者へ提供する広告情報量が増加し、しかも見栄えがよく、視覚的に生活者の目を引く工夫が凝らされた広告です。技術的な進歩だけでなく、クリエイティブ性が高く特徴のある広告といえるでしょう。スマホ型でもリッチメディア広告はありますが、ここではPC-Web型に特化した解説をします。

リッチメディア広告は、「エクスパンド広告」「インタースティシャル広告」「フローティング広告」に、「ストリーミング広告」を加えた4種類があります。ストリーミング広告は、動画広告として後述しします。

今後も新たな技術を凝らしたリッチメディア広告が登場すると思われますが、現在はこの4種類をリッチメディア広告と理解しておくといいでしょう。

リッチメディア広告の規格は、前述したアメリカのネット広告団体IABがデータの容量やマウスオーバーやクリックによる拡張、映像や音声の扱いなどについてガイドラインを制定しています。日本でも、これに準拠している状態で、高速インターネット時代に即した広告として期待のネット広告といえるでしょう。

それでは、3つのリッチメディア広告を解説していきます。

3-3 リッチメディア広告

マウスの動きで拡大するエクスパンド広告

エクスパンド広告は、見た目は普通のバナー広告ですが、広告の上にマウスのカーソルを移動させると広告が拡大したり、商品の詳細説明が表示されたり、アンケートや懸賞などのコンテンツが表示されたりする広告です。**エクスパンダブル広告**と呼ぶ場合もあります。英語が得意な方であれば、エクスパンドの意味がおわかりでしょう。エクスパンド広告のエクスパンド（expand）は、「拡大する」という意味です。日本語にすると、拡大広告ということですね。誇大広告ではないのであしからず。

冗談はさておき、エクスパンド広告はマウスのポインタの動きで拡大しますが、このポインタの動きで、呼び名が異なっています。

2種類のエクスパンド広告

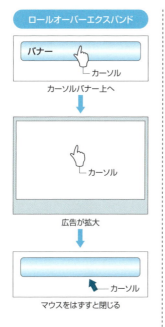

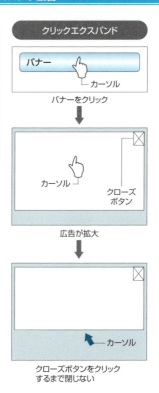

3-3 リッチメディア広告

　1つは、**ロールオーバーエクスパンドバナー**といい、ポインタがバナーから外れると拡大した領域も消える仕組みになっています。もう1つは、バナーをクリックすると、バナーが拡大したまま、クローズボタンがクリックされるまで表示される**クリックエクスパンドバナー**です。

　これらの違いを、前ページ下に図解してありますが、エクスパンド広告には2種類あり、それぞれ動作が異なっています。

▶▶ ページ移動の間に表示されるインタースティシャル広告

　民放のドラマを見ていると、ちょうどよいタイミングでコマーシャルになります。少々イライラしてしまいますが、面白いコマーシャルやその音楽は記憶に残ります。そんな特徴を活かして、PC-Web型広告となったのが、**インタースティシャル広告**です。

　インタースティシャル広告は、**トランジショナル広告**や**ビットウィーンページ広告**とも呼ばれ、トップページから次のページへ移動する際に、自動的に広告ページを表示するものです。アプリでもシーンが変わるときなどに表示される場合があります。

　インタースティシャル広告は、1ページまるごと広告スペースとして利用できるメリットがあり、インパクトのある広告を制作できます。そして有料コンテンツを無料コンテンツにするためのネット広告としても注目されています。

インタースティシャル広告の表示

Webページから飛び出すフローティング広告

　Webサイト上を生活者の操作するマウスのカーソルに合わせて動作したり、Webサイト上に突如表示される広告が**フローティング広告**です。

　Webサイトの上で浮いているような動きをするために、フローティングと呼ばれていますが、技術的にはWebページ上に透明のレイヤーを被せているので、**オーバーレイ広告**ともいいます。

　アニメーションが主流ですが、マウスの動きに合わせて動作するケースや、Webブラウザの画面を漂っている、もしくは歩いているというケースもあります。人の注目を浴び、クリック率の高い広告ですが、一方で煩わしいという生活者もいます。また制作や配信のコスト高、生活者の環境によって、表示されない場合があるなどの問題もあります。

　アメリカのLeadBolt社が、フローティング広告の新たな技術でサービスを開始し、HTMLやAndroid、iOSでもサポートしているとのことです。Webだけでなく、スマホで見かけることも多くなっています。

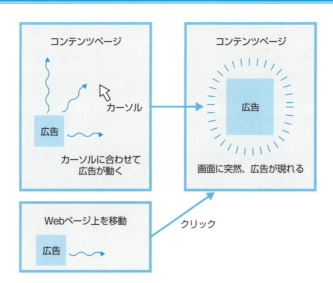

フローティング広告の表示

3-4 動画広告

PC-Web型　スマホ型　広告フォーマット

　Webサイトにテレビのような CM が流れるのが動画広告（ストリーミング広告）です。この動画広告の仕組みと、課金システムについて説明します。

▶▶ テレビ CM を Web 上に表示する動画広告

　映像や音声とともに、Web サイト上に表示される広告が**動画広告**です。テレビ CM と同じような広告で、バナー広告では伝えられなかった製品やサービス内容を動画で伝えられる点が魅力です。動画広告は、インストリーム広告とアウトストリーム広告の 2 種類があります。**インストリーム広告**は、動画の中の広告です。**アウトストリーム広告**は、動画の外、Web サイトや SNS などに掲載される広告です。それぞれの広告をチェックしていきましょう。

●映像配信コンテンツで利用されている動画広告（インストリーム広告）

　1 つ目が YouTube やニュースなどの映像配信コンテンツで利用されている動画広告です。この動画広告には、「プリロール動画広告」「ポストロール動画広告」「ミッドロール動画広告」の 3 種類があります。インストリーム広告とも言われています。

　プリロール動画広告は、生活者が視聴したいコンテンツの前に再生される広告で、音声が流れるとともに一定時間で広告をスキップできるようになっています。

　ポストロール動画広告は、生活者が視聴したいコンテンツを視聴した後に再生される広告です。エンディング広告というわけです。

　利用頻度が低いのが、**ミッドロール動画広告**です。生活者がコンテンツを視聴している途中で配信されるタイプの広告です。あまり見かけないタイプの広告です。

　どのタイプも音声を消音する機能や、早送りできなくする機能などがあり、生活者が選択できるようになっていますが、中にはスキップ機能を搭載している動画広告も存在します。

3-4 動画広告

ニュースやYouTubeの動画広告の種類

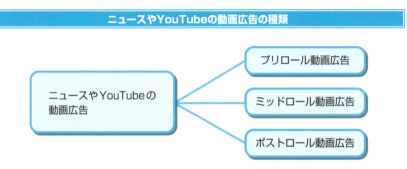

YouTubeでのプリロール広告

YouTubeでのプリロール動画広告。動画広告からランディングページも用意されている

動画広告の課金システムとプランニング（YouTubeの場合）

　動画広告の課金システムは、**CPV課金（広告視聴単価課金）** 方式が採用されるケースが多くなっています。CPVは「Cost Per View」の略で、1回の再生で課金されます。例に挙げたYouTubeの動画広告の場合は、**完全視聴単価方式**が採用されており、広告の視聴を中断したり、広告をスキップしたりすると課金されない仕組みになっています。

　また、Googleの動画広告は、**TrueView**と呼ばれ、4種類の広告があります。

●インストリーム広告／コンパニオンバナー

　前述したプリロール広告と同じですが、TrueViewでは**インストリーム広告**といいます。オプションで、動画広告が再生されるページの画面右横に、**コンパニオンバナー**と呼ばれるバナー広告を掲載できます。

　課金タイミングは、動画広告を30秒以上再生された場合となりますが、動画広告が30秒より短い場合は、最後まで再生した場合に課金されます。

●インディスプレイ広告

　再生されている動画と関連性のある広告を表示するのが、**インディスプレイ広告**です。YouTubeで再生される動画の横と、コンパニオンバナーと同じ位置に広告を表示できます。ただし、YouTube上だけに広告が表示されるわけではありません。Googleのアドネットワークである「Googleディスプレイネットワーク」に登録されているWebメディア上の広告スペースにも表示されます。

　広告料金は、広告主の動画が再生された場合に発生します。

●インサーチ広告

　動画の検索結果に表示されるのが、**インサーチ広告**です。生活者が関心のある動画を検索したときに、キーワードに関連性のある動画広告をYouTubeの検索結果ページ、そしてGoogleの動画検索に広告を表示します。広告料金は、広告のリンク先となっているYouTube動画が再生された場合に課金されます。

　また、YouTubeにもインストリーム広告、コンパニオンバナー、インディスプレ

イ広告、インサーチ広告の4種類があります。

　インストリーム広告とコンパニオンバナーは、動画やバナーのリンク先となるランディングページを作成しなければなりません。そしてインディスプレイ広告やインサーチ広告は、自らの商品やサービスの動画作成とYouTubeページの作成が必要です。

YouTubeのTrueView広告の種類

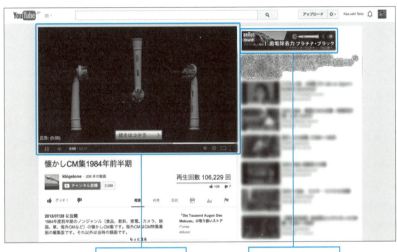

インストリーム広告　　コンパニオンバナー

インサーチ広告

動画外で利用されるアウトストリーム広告

アウトストリーム広告は、動画の中で再生されるインストリーム広告と異なり、アウトの意が示すとおり、動画の外であるWebサイトやSNS、アプリの広告枠に配信される動画広告で、3種類あります。

1つは**インディスプレイ型動画広告**で、**インバナー広告**ともいいます。バナー枠に配信される動画広告です。Webメディアによっては、独自のサイズで作成される場合もあります。基本的に音声はONの状態とOFFの状態があり、マウスのカーソルを合わせると再生されたり、一定の間、動画広告の部分を表示していると「動画が再生されます」というアナウンスとともにタイムゲージが表示される仕組みになっています。

次に**インリード広告**です。マーケティング業界では**リード**を「見込客」の意味で使いますが、このリードは導線的な意味合いです。Webサイト上でページをスクロールしていると、コンテンツとコンテンツの間などに表示されます。または、画面下に表示されることもあります。後ほど解説しますが、ネイティブ広告に動画を採用するというパターンがあります。例えば、Twitterのフィード上で動画広告を見かけることがありますが、それがインリード広告です。ちなみに、画像の場合は、**インフィード広告**といいます。

最後に、前述した**インタースティシャル広告**です。画面やページの切り替え時に、動画広告を表示させる広告です。

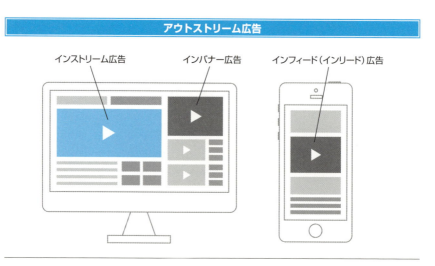

アウトストリーム広告

3-5
テキスト広告

`PC-Web型` `スマホ型` `フィーチャーフォン型` `広告フォーマット`

　テキスト広告は、バナー広告と同様にネット広告の黎明期から存在します。デバイスを問わずにスペースがあれば活用でき、メール型広告もテキスト広告に含まれます。広義ではWebサイト上にテキストで表示される広告となりますので、リスティング広告なども含まれることになります。

▶▶ 様々なジャンルにまたがるテキスト広告

　テキスト広告は、その名前が示すようにテキストのみの広告です。テキスト広告は、バナー広告やリッチメディア広告よりもインパクト性に欠ける広告ですが、出稿費が安いという点、そしてコンテンツの見出しのようにWebサイト上で掲載されており、クリック数を稼げる点にメリットがあります。

　テキスト広告は、30字～100字程度のテキストのみの広告ですが、広告の主旨とフィットする明確なキーワードを挿入することで訴求効果が得られます。つまり、よいキャッチコピーを考えて、クリックしてもらえばいいということです。例えば、女性向けの洗顔料では、「1ヵ月毎日洗顔すると、モチモチ赤ちゃん肌」などの生活者の気を引くようなキャッチコピーを考えて、商品の特徴をインパクトあるように見せる工夫が必要なのです。

　テキスト広告は、テキストで表現されるPC-Web型広告と定義されている場合もありますが、PCだけでなく、スマホ型、フィーチャーフォン型も含まれると考えられます。つまり、幅広く活用されている広告といえます。

　また、ブラウザで表示される広告なので、メールマガジン広告は含まれないこともあります。ブラウザで表示されるテキスト広告には、リスティング広告も含まれますが、数は少ないものの、リスティング広告とは関係なく、ポータルサイトの空きスペースに表示されているテキスト広告もあります。

　Yahoo! Japanなどのトップページを見るとわかりますが、例えば「[PR]引越しのチャンス！ 敷金礼金ゼロ」という見出しや、Yahoo!ショッピングなどに出店している店舗などに誘引するための見出しに気付くはずです。これらはすべてテキスト

3-5　テキスト広告

広告といえるでしょう。また、Googleディスプレイネットワークでは、バナー広告のスペースにテキスト広告を表示します。

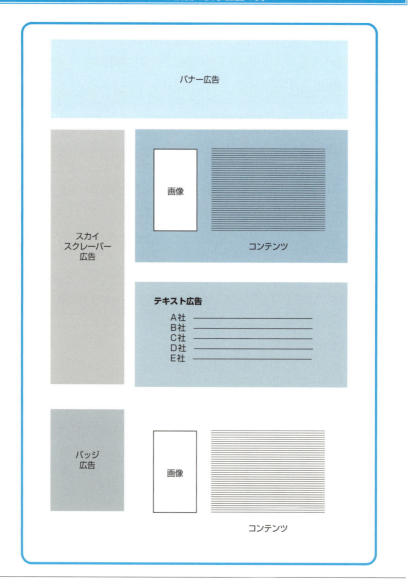

テキスト広告の表示位置の例

3-6 SEMと検索連動型広告

`PC-Web型` `スマホ型` `フィーチャーフォン型` `配信方法`

検索連動型広告と一緒に覚えておきたいのがSEMです。SEMはSEO対策、そして検索連動型広告を駆使して行う検索エンジンマーケティングの略です。SEM全般について解説していきましょう。

▶▶ 検索エンジンで集客を狙うSEM

SEMは、「Search Engine Marketing(サーチ・エンジン・マーケティング)」の略称で、顧客を検索エンジンから取り込むためのマーケティング手法です。ネット広告でも解説したリスティング広告とSEO対策にも対応しています。

下の図は、SEMの概要です。

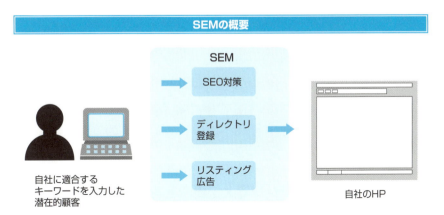

SEMの概要

SEMは検索エンジンへの登録、SEO対策、そしてリスティング広告の1つ「検索連動型広告」の3つを用いて、顧客を獲得します。

SEMは、消費者行動モデルの1つ「AISAS」からも理解できます。AISASは、次ページの5つの消費者の行動を表す単語の頭文字から構成された造語です。

3-6 SEMと検索連動型広告

- A … Attention（認知・注意）
- I … Interest（興味）
- S … Search（検索）
- A … Action（購買）
- S … Share（情報共有）

　生活者は、商品やサービスを4大マスコミ、ネット上、SNS、口コミ、店頭などで認知します。認知の段階が**A**（Attention）になります。認知した商品やサービスに生活者が興味・関心を持つのが**I**（Interest）の段階となります。関心を持った段階で、ネット検索で情報を収集をするのが**S**（Search）です。

　ネット検索は、GoggleなどのサーチエンジンやSNSなどで行ないますが、取得した情報をもとに購買する行動が**A**（Action）となります。購入後、商品やサービスに関する感想をTwitterやFacebook、InstagramなどのSNSへ投稿する行為が**S**（Share）となります。

　ネット上で、情報収集から購買、情報共有までを行うプロセスを示している点がAISASの特徴です。SEMもAISASの生活者の購買行動から、潜在的な生活者を逃さないための手法の1つといえるのです。

　前述したように、デバイスが多岐に渡っているため、生活者の属性に合わせたデバイスを選定して、出稿を考えなければなりません。SEM対策は、自社の業態に合ったキーワード選定も行い、自社サイトのコンテンツも重要となっています。この点も考慮に入れて、施策を立案することが重要なのです。

▶▶ SEO対策は、検索エンジンで上位表示をするための対策

　SEMの1つの要素、**SEO対策**の解説からしていきましょう。**SEO**は、「Search Engine Optimization（サーチ・エンジン・オプティマゼーション）」の略です。日本語では**検索エンジン最適化**といわれていますが、生活者が検索エンジンでキーワード検索したときに、自社のWebサイトを検索結果の上位に表示するための手法です。そして、検索結果を上位に表示するためにWebサイトの商品やサービスをコンテンツ化し、キーワードを盛り込みつつ、生活者に役立つように作成することを前提とします。また、SEO対策で推奨されるHTMLタグに、同じくキーワード等を

盛り込み、サイトを作成します。

　本書では、詳細を割愛しますが、SEO対策は中小零細企業では重要なWebマーケティングの手法です。ネット広告の出稿を含めて、常に動向をチェックすることをオススメします。

▶▶ 検索エンジンの種類を知っておこう

　検索エンジンには、いくつかの種類があります。インターネットの黎明期は、ディレクトリ型が主でしたが、現在はロボット型が主流です。そして、国内の検索エンジンサービスにも、GoogleやYahoo!、Bingなど様々なサービスが存在しますが、「statcounter Search Engine Market Share Japan（hhttp://gs.statcounter.com/search-engine-market-share/all/japan）」の集計情報を見ると、Googleが75％程度のシェアで、Yahoo!が23％程度、そしてその他の検索エンジンサービスとなります。

　2019年1月のデータですが、GoogleとYahoo!は同じロボット検索エンジンのシステムを利用しているので、SEO対策はGoogleを主軸に行うことが懸命といえます。

●ロボット型検索エンジン

　ロボット型検索エンジンは、登録申請があったWebサイトを**クローラ**や**スパイダー**などと呼ばれる検索ロボットが自動で巡回します。こちらは完全に無料で、検索ロボットに「読みに来てくださいね」という登録になります。登録後は、検索ロボットが登録されたWebサイトを読みに行きます。また被リンクがある場合は、そのリンクをたどってアクセスします。ここで注目したいのが、検索ロボットの動きです。

　検索ロボットは、Webサイトを作成しているHTMLタグや本文であるテキスト、そしてリンクをすべて読み込んでいきます。リンクが貼られていると、そのリンク先も巡回していくのです。

3-6 SEMと検索連動型広告

ディレクトリ型とロボット型

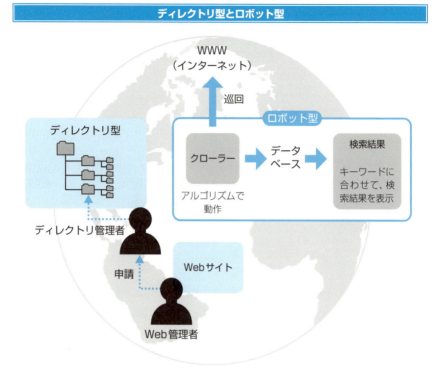

　簡単にいえば、検索ロボットがWebサイトのデータを収集していき、その取得したデータを元に検索順位などを評価します。そこで検索ロボットがキーワードを読みやすいように、データを加工することがSEO対策になります。検索エンジンの登録は、**Google Search Console**（https://www.google.com/webmasters/tools/home?hl=ja）で可能です。

　Google Search Consoleは、キーワードでの検索順位と表示回数、そしてクリック数などをデータ化し、SEO対策に役立つツールです。

　検索エンジンに登録していても、SEO対策を講じていなければ、ロボット型検索エンジンで検索しても上位表示されません。競合他社よりも顧客を獲得したいのであれば、SEO対策は必須なのです。

3-6 SEMと検索連動型広告

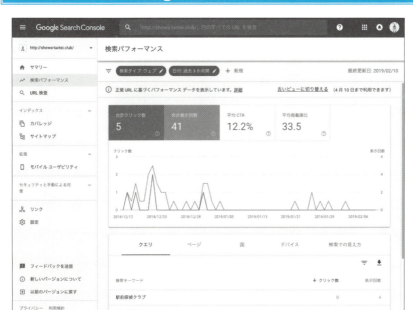
Google Search Console

検索キーワードと連動する検索連動型広告

　インターネット検索エンジンで、生活者がある**キーワード**を入力して検索すると、検索結果に加えて、キーワードに対応した広告が表示されます。この検索結果とは別に表示される広告を**検索連動型広告**といい、リスティング広告といわれるネット広告の一種です。

　表示のサンプルとしては次ページの図を参照いただきたいのですが、検索連動型広告のメリットを最初に解説しておきましょう。

3-6　SEMと検索連動型広告

検索結果画面

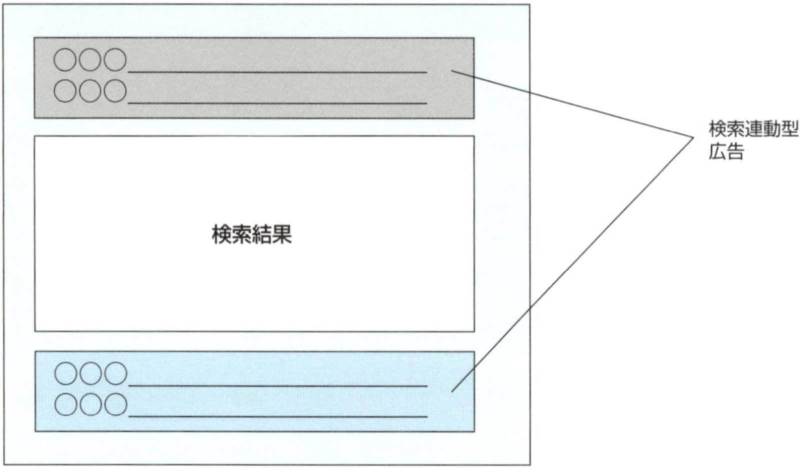

```
検索連動型広告
検索結果
検索連動型広告
```

検索エンジン等での検索結果画面

　検索連動型広告の場合、生活者が知りたい、もしくは欲しい商品やサービスを検索すると、検索結果とともに広告が表示されます。この広告は、非常に効果的です。なぜなら、生活者は自らが関心のある事項でキーワードを入力して検索しているわけですから、広告にも関心がある可能性が高いといえるのです。

　例えば、「格安航空券」と検索した場合には、生活者は格安航空券を購入する意思があるわけです。そこに、テキストで「日本一お安い国内線チケット」などの検索連動型広告が表示されていると、相当の効果が見込めるというわけです。広告主の側から見ると、検索連動型広告は顧客を絞って出稿できます。なぜなら格安チケット販売店であれば、「格安航空券」「格安チケット」「航空券」などのキーワードを絞り込んで、出稿することで顧客のセグメントを限定できるわけです。つまり、よりよいターゲティングを実現できるということなのです。

　気になる広告料金の課金方法は、**PPC広告**といわれる体系になっています。広告のキーワードは、各キーワードごとにオークションのような入札方式を採用しており、人気のあるキーワードは、ワンクリックの料金が高額になっています。逆に人気のないキーワードは割安となります。

3-6 SEMと検索連動型広告

　入札金額だけでなく、クリックされる広告の質の高さが広告枠の掲載順位に影響されます。また基本的に月間の広告予算なども決められるので、出稿する場合に費用対効果を考えた出稿も可能となります。代表的な検索連動型広告は、Yahoo!の**スポンサードサーチ**とGoogleの**Google広告**です。

　スマホ型やフィーチャーフォン型では、表示位置が前ページの図とは異なりますが、検索結果の上位に広告が表示されたり、検索結果の途中に表示されることもあります。下の図は、検索連動型広告の仕組みです。

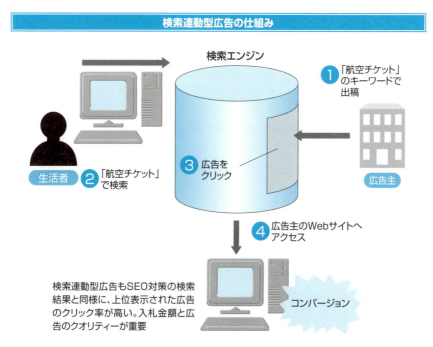

検索連動型広告の仕組み

検索連動型広告もSEO対策の検索結果と同様に、上位表示された広告のクリック率が高い。入札金額と広告のクオリティーが重要

3-7 コンテンツ連動型広告

`PC-Web型` `スマホ型` `配信方法`

広告主が選定したキーワードと、広告を掲載するWebメディアのコンテンツと相対させて表示する広告がコンテンツ連動型広告です。広告主だけでなく、コンテンツ提供者も利用して収益を上げられる広告ツールです。

▶▶ 広告枠のコンテンツと連動するコンテンツ連動型広告

コンテンツ連動型広告は、生活者が閲覧しているWebサイトの内容に即した広告を配信する手法です。広告枠のあるWebサイトのコンテンツ内容と広告をアドネットワークで連動させます。

広告主は、**Google広告**から「ディスプレイネットワーク」を利用して広告を配信します。一方、Webメディアでは、**Google AdSense**へ申請後に許可を得ると、広告枠に広告が配信されます。

Yahoo!の場合は、**Yahoo!ディスプレイアドネットワーク**になり、コンテンツ連動型に加え、興味関心広告などの種類があります。どちらもアドテクノロジーを駆使し、広告主のターゲットへ広告を表示する仕組みになっています。

コンテンツ連動型広告の仕組みをもう少し詳しく解説すると、企業や個人などのWebサイト運営者が、コンテンツ連動型広告を配信するプログラムを自らのWebページにタグを貼り付けて広告を読み込みます。ただし、どんな内容のWebページに掲載できるわけではありません。例えば、コンテンツ連動型広告の配信元であるGoogleのプログラムを埋め込む場合は、Googleへの登録と認証を受けた後に掲載します。

プログラムを組み込んだ後、コンテンツ連動型広告の配信元は、プログラムを組み込んだWebページ内のコンテンツ内容を読み取り後、内容を解析して吟味。その結果、コンテンツに適合した広告をWebサイトに配信するというわけです。

また別の例として、検索連動型広告のキーワードと同様の、航空チケット広告をコンテンツ連動型広告として掲載するとしましょう。コンテンツ連動型広告は、検索連動型のキーワードに連携するのではなく、航空チケットのコンテンツを扱う

3-7 コンテンツ連動型広告

Webサイト上にのみ広告が表示されます。明確なターゲティングができる点が魅力であり、Webメディアが作成するコンテンツとの相乗効果も期待できます。ただ、検索連動型広告と異なり、キーワードマッチングでないため、余計なクリックも見込まれます。検索連動型を先に利用し、さらなるアクセスを考える場合に、利用するとよいでしょう。

課金システムは、検索連動型広告と同様にPPC広告であるため、広告費の少ない中小企業向けのネット広告といえるでしょう。また、Webメディアでは、クリックごとに収益となるシステムです。

コンテンツ連動型広告の仕組み

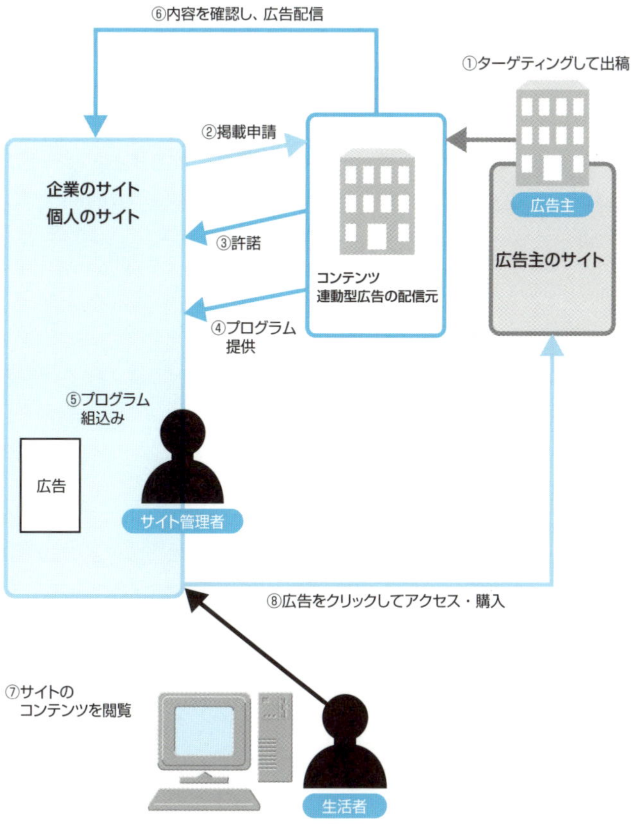

①ターゲティングして出稿
②掲載申請
③許諾
④プログラム提供
⑤プログラム組込み
⑥内容を確認し、広告配信
⑦サイトのコンテンツを閲覧
⑧広告をクリックしてアクセス・購入

広告主 / 広告主のサイト
コンテンツ連動型広告の配信元
企業のサイト 個人のサイト
サイト管理者
生活者
広告

3-8 アフィリエイト広告

| PC-Web型 | スマホ型 | フィーチャーフォン型 | 配信方法 |

アフィリエイトは、広告主の商材やサービスの広告をWebメディアに掲載し、その商品やサービスが購買されることにより、報酬が支払われる成果報酬型の広告です。

▶▶ アフィリエイト広告の仕組みと運営

　アフィリエイトを日本語に訳すと「提携する」という意味になります。何を提携するかというと、広告主の自社商品を販売する場所を貸してもらうために提携するわけです。ただし、広告主が自社商品を掲載する際に、自社の商品を掲載して「提携してください」とメールをしながら、各Webサイトにアフィリエイトを打診するのも大変です。また、アフィリエイトのシステムを構築するのも至難の業で、莫大な経費がかかってしまいます。

　そこで登場するのが、広告代理店ともいえる**アフィリエイト・サービス・プロバイダー（ASP）**です。ASPは、広告を掲載するWebメディアの運営者であるアフィリエイトパートナーと広告主を媒介する役目を負い、アフィリエイトパートナー集めから、報酬発生時の支払いまですべてをこなして、アフィリエイトのサービスを提供します。

　ASPによるアフィリエイトの仕組みは、まずASPがアフィリエイトパートナーと広告主を募集します。アフィリエイトパートナーとなった生活者は、ASPへ広告を出稿している各広告主の製品やサービスを選択して掲載します。通常は自ら運営しているWebメディアのコンテンツと対応した商品やサービスを選んで、掲載するのが一般的ですが、中にはコンテンツと異なった広告を掲載する例があります。その点が前述したコンテンツ連動型広告とは異なるところです。

　アフィリエイトパートナーのWebメディアでの広告の掲載は、直接、広告主のWebメディアへリンクするか、個別の商品へのリンクを作成します。そして、アフィリエイトパートナーのWebメディアにアクセスした生活者が、広告主のサイトへアクセスして商品を購入すると、報酬が発生するという仕組みになっています。

3-8 アフィリエイト広告

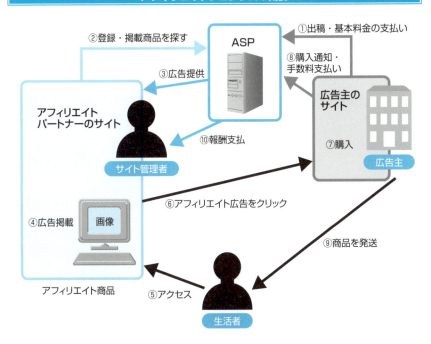

アフィリエイトプログラムの概要

　アフィリエイトは、ECサイトなどに向いた広告といえるでしょう。アフィリエイトパートナーのWebメディアのスペースを借りて販促すると考えると簡単です。ASPは、前述した通り、広告主とアフィリエイトパートナーの間に立って、商品情報の提供や報酬の設定管理、そして支払いの代行などを請け負います。もちろん、これはタダではありません。固定費である基本料がかかります。ASPによっても異なりますが、コスト的には初期費用として数万円はかかり、月額固定費用が数万円、そしてアフィリエイトパートナーへの報酬を含めて、販売価格の30％程度の手数料がかかります。

　手数料を考えると、利益率の低い商品には向きませんし、高額な商品やサービスなどにもアフィリエイトを活用できないことがわかります。また高額な商品をネットで簡単に購入するとも考えられません。アフィリエイトは、比較的安価でありながら、利益率の高い商材に向いたネット広告といえるでしょう。

3-9 商品リスト広告

`PC-Web型` `スマホ型` `配信方法`

PCでネットショッピングを行う生活者が多いことを解説しましたが、ネットショッピングを行う生活者のために、検索結果に検索キーワードに関連した商品画像を表示させるのが、商品リスト広告です。ECサイト運営者用の広告ともいえますが、詳細を解説していきましょう。

▶▶ 検索キーワードに合わせて商品画像を表示

商品リスト広告は、検索キーワードに相対させて商品の広告を表示するネット広告です。アフィリエイト広告と同様に、物販を行っているEC事業者向けのネット広告といえます。下の画像がGoogleで「テント」と検索した結果に表示される商品リスト広告です。Googleを例に挙げましたが、同じ「テント」と検索すると、Yahoo!の場合は、Yahoo!ショピングへ出店しているテント販売業者のテント商品が画像で表示されます。

結論からいえば、Yahoo!の検索結果に商品を表示させる場合には、Yahoo!ショピングへ登録することが前提となります。

商品リスト広告

3-9 商品リスト広告

　Googleが2012年6月に日本で正式公開し、本節のタイトルのように「商品リスト広告」としてサービスを開始しました。リスティング広告として、検索連動型広告とコンテンツ連動型を紹介しましたが、商品リスト広告は、EC事業者のリスティング広告であり、必須のネット広告ともいえるのです。

▶▶ Googleアカウントでマーチャントへ登録

　商品リスト広告への出稿は、**Googleマーチャントセンター**（https://www.google.co.jp/retail/solutions/merchant-center/）に登録して行います。Googleアカウントでログインし、Googleマーチャントへの登録を行っていきます。下の画面が、登録開始時の画面です。

　Googleマーチャントでは、登録された商品された情報を元に、自動的に広告が生成される仕組みになっており、検索連動型広告やコンテンツ連動型広告のように、商品のキーワードや広告の登録必要としないため、比較的手軽に始められるところが魅力といえます。

Googleマーチャントセンターの登録画面

▶▶ AdWordsとマーチャントのIDは別物

　Googleマーチャントセンターへの商品登録は、Googleの検索連動型広告やコンテンツ連動型広告と同じように出稿できません。AdWordsのアカウントと別アカウントなるので、注意が必要です。つまり、AdWordsのアカウントだけでは、商品リスト広告へ出稿できないのです。AdWordsだけでなく、GoogleマーチャントのIDも取得してから商品リスト広告を出稿します。ここが少し複雑なところですが、GoogleマーチャントのIDを取得したら、AdWordsのIDをリンクすることで、商品リスト広告へ出稿できるようになるのです。

　この2つのIDによって、AdWordsで広告の設定や料金の支払いや、商品リスト広告への出稿管理などをマーチャントセンターで行います。広告本体の管理はAdWords、そして商品の登録はマーチャントセンターという役割分担になります。ECサイトの事業者の方は、AdWordsのみならず、マーチャントセンターを活用して販促をするとよいでしょう。

Googleマーチャントセンターの仕組み

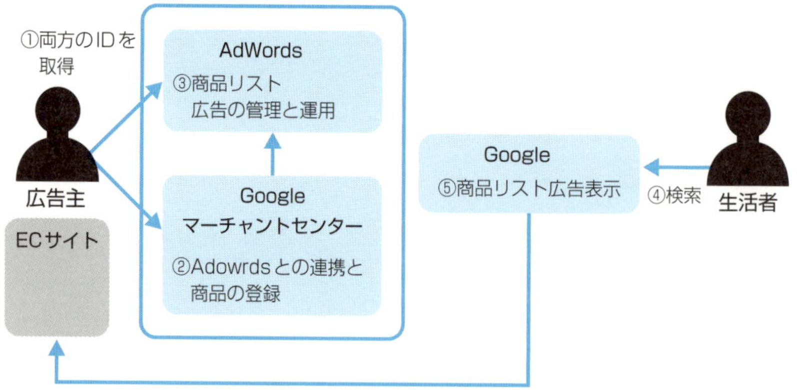

①両方のIDを取得

広告主
ECサイト

AdWords
③商品リスト広告の管理と運用

Googleマーチャントセンター
②Adowrdsとの連携と商品の登録

Google
⑤商品リスト広告表示

④検索

生活者

3-9 商品リスト広告

商品リスト広告の例

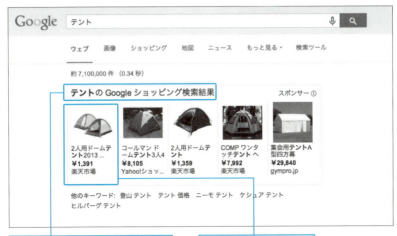

テントの Google ショッピング検索結果 → Google の商品リスト広告ページを表示

広告主の商品ページへ移動

商品リスト広告の商品を生活者が絞り込み検索できる

商品リスト広告を表示

3-10 メール型広告

`PC-Web型` `スマホ型` `フィーチャーフォン型` `配信方法`

メール型広告は、PCやスマホ、フィーチャーフォンに対応し、メールマガジンに挿入されるメールマガジン広告や、オプトインメール広告、ターゲティングメール広告に分けられます。PC-Web型を中心に解説してきましょう。

▶▶ メルマガを活用したメール広告

メールマガジンの配信会社に、自分の興味のある分野のメールマガジンを登録すると、コンテンツが配信されますが、その間に表示されるのが**メールマガジン広告**です。メールマガジン配信会社だけでなく、ニュースサイトなどのインターネットメディアもメールマガジンを配信しており、これらのメールマガジンにも広告は挿入されています。

メールマガジン広告は、メールの本文とは別の囲みとなって、ヘッダーやフッターに挿入されています。中には、本文中に広告を挿入する「本文中広告」のパターンもあります。メールマガジンは、配信を希望する読者や企業やECショップの会員、もしくはメンバーへ配信される電子版ダイレクトメール、もしくは会報のような意味合いがあります。よって、読書の嗜好によってメールマガジンの配信を希望できるため、広告的にも効果があるといえるでしょう。

メールマガジン広告には、一般的なメールと同様に、テキスト形式とHTML形式があります。

●テキスト形式のメールマガジン広告

ヘッダーやフッター、本文中にテキストが配置され、5行程度のスペースを使って企業名や商品名、そして簡単な説明文とリンク先URLが表示されています。

次ページの図がサンプルですが、メールマガジン広告によっては、10行程度までのスペースを使っているものもありますが、標準では5行くらいだと覚えておくといいでしょう。この短いスペースで自らの商品やサービス、そしてメールマガジンの読者にアクセスしてもらいたいページのURLを挿入しなければなりませんので、

読者の目を引くキャッチーな文章を考えなければいけません。

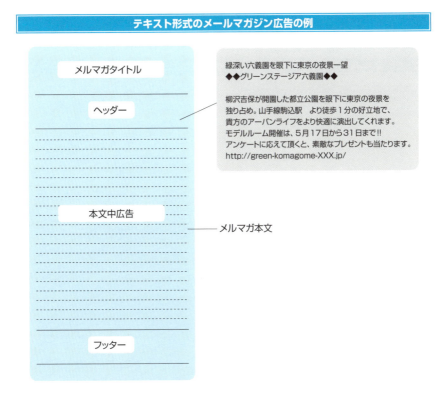

● HTML形式のメールマガジン広告

　HTMLで記述されたHTMLメール広告は、テキスト形式と同様に簡単なコメントやリンクが貼られていますが、画像やフォントの種類などが豊富に使え、見栄えのよい表現ができる特徴があります。ただし、読者がHTMLメールに対応していなければなりません。

　Webサイトのように自由に構成でき、かつ読者の視覚に訴えて、アクセス導入には効果的です。ただし、心ない者によってHTMLメールに意図的にウィルスが組み込まれていることもあり、HTMLメールを敬遠する生活者も少なくありません。

　また、メールマガジンを独自で編集して自社の広告を挿入することは違法ではあ

3-10 メール型広告

りませんが、許可なく送信すると**スパムメール**であると生活者に思われ、広告効果が期待できず、さらに特定商取引法によって罰せられることもあるので、注意が必要です。後に説明するオプトイン形式で配信するようにしましょう。

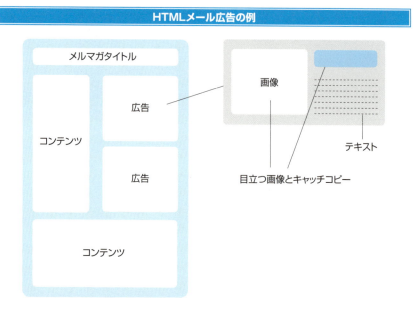

HTMLメール広告の例

▶▶ メールマガジン広告を送信する配信システムの仕組み

　メールマガジン広告を配信する仕組みは、その種類によって若干異なりますが、一般的なメールマガジン広告が配信される仕組みを解説していきましょう。

　メールマガジンに挿入されるメールマガジン広告は、読者がメールマガジンを選択して登録することから始まります。メールマガジンを登録した読者のメールアドレスなどのデータは、メールマガジン配信会社のサーバーに保存されます。そのため、メールマガジンの発行者は、読者の個人情報に一切触れることなく、メール配信サーバーにメールマガジンの原稿を送信することで、メールマガジンを発行できるのです。

　これでメールマガジンの発行の流れはご理解いただけたと思いますが、メールマガジンへの広告出稿はどのような流れになるのかというと、まず広告主が出稿する

3-10 メール型広告

　メールマガジン広告のジャンルを選択します。特定のメールマガジンだけに絞って広告を配信できるかどうかは、配信会社のシステムにより異なりますが、ほとんどの場合がジャンルの選択だけできるようになっています。また、メールマガジンを独自で配信している会社へのメールマガジン広告は、メールマガジンを選択して、出稿することも可能です。

　出稿先のジャンルやメールマガジンが決定したら、広告主は広告原稿を作成し、選択したジャンルのメールマガジンと共に広告が配信される仕組みになっています。

　配信後は、メールマガジン配信会社が提供するトラッキングサーバーなどで効果測定ができるほか、自社のサーバーへのアクセスログ解析でき、広告出稿に対する費用対効果を算定できます。

メールマガジン広告配信の流れ

▶▶ オプトインメール広告とターゲティングメール広告

　オプトインメール広告やターゲティングメール広告は、**ダイレクトメール型**の広告です。

　ダイレクトメールといえば、電子メールが一般化する前から存在します。記憶にあると思いますが、受験時期になると、進学塾や通信添削の学習案内が届いたものですが、これもダイレクトメールであり、一種のターゲティングなのです。これがさらに進化したものが、**ターゲティングメール広告**となります。そして、ターゲティングメール広告で、広告メールを受け取ることを「承諾（オプトイン）」している会員へ送信するメール広告を**オプトインメール広告**といいます。

　ターゲティングメール広告は、メールマガジン広告と似ていますが、さらに読者や生活者の嗜好性に合わせて送信できます。また、あらかじめ広告を送信する生活者に、受け取りを許可するジャンルや嗜好性などをアンケートのように回答してもらい、その情報を登録をする仕組みになっています。そして、そのジャンルや嗜好に合った広告のみを送信する広告なのです。

　ジャンルを絞り込むことで、アクセサリーに興味があっても、ダイヤなどの高級嗜好でない生活者に対して、ダイヤの広告を配信しても意味がありません。その点で、アクセサリーというジャンルでもさらに絞った顧客のターゲットを選定して広告を配信できるわけです。

　さらにオプトインメール広告の優れている点が、**生活者のセグメント（属性）**に合った広告配信が可能な点です。生活者の住所、年齢、性別、年収、職業などの個人情報のセグメントによって、広告出稿者のターゲットに合わせて配信できるため、地域限定や年齢層を絞り込んで配信できます。趣味のジャンルだけでなく、個人情報から全方向で広告主とのマッチングができる点がメールマガジン広告との差であり、優れた点であるといえるでしょう。

　前述したように、特定電子メール法により、一方的に広告メールを送信する手法や生活者がメール受信を拒否しない限りメールの送信が可能であったオプトアウト方式から、必ず生活者の許諾が必要となるオプトイン方式とすることが定められています。許諾のないメール型広告は送信できなくなったわけです。つまり、この種のメール型広告は、すべてオプトインメール広告ということになります。オプトインメール広告になったことで、生活者からの許諾を得て、嗜好性に合った広告を送信

できるようになりましたが、個人情報の管理などの危機管理が必要となります。個人情報保護法を含めて危機管理が必要です。

詳細は後述しますが、オプトインメール広告は、受け手である個人情報登録生活者である読者と広告出稿者である送り手の企業との間で、暗黙の内の了解があるメール型広告といえます。それゆえ、受け手である読者からの苦情・クレームも少なく、アクセス率が高いという点も特徴といえるでしょう。

優れたマッチングで広告配信先を選定できるオプトインメール広告の料金ですが、配信数にもよりますが、1通10円前後の予算で送信できます。ダイレクトメールを郵送することを考えると、非常に廉価といえるでしょう。

オプトインメール広告の利点ばかり解説していましたが、マイナス点もあります。1つは、ジャンルの分類の細分化です。ジャンル分類を細分化しなければ、登録生活者へ配信される広告が関心のない内容となってしまいます。また、これとは逆にジャンルを細分化し過ぎると、各ジャンルでの登録者数が減少し、広告効果がなくなってしまうこともあります。オプトインメール広告のジャンルの程よさや登録者の総数などを吟味して、広告出稿を考えるべきでしょう。

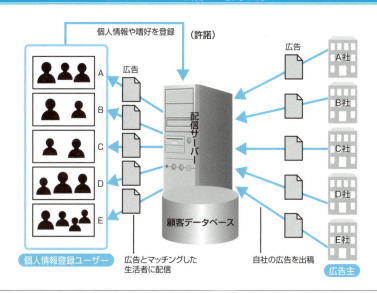

オプトインメール広告の一般的な流れ

3-11 RSS広告

`PC-Web型` `スマホ型` `配信方法`

RSSとは、「Rich Site Summary（リッチ・サイト・サマリー）」の略で、Webサイトの見出しや要約などをXMLベースのフォーマットで記述されているものなのです。本節では、RSS広告の配信の仕組みを解説していきます。

▶▶ 上級者向けのRSS広告

今まで解説してきたネット広告は、ブラウザやメーラーなど、インターネットを利用するために必要不可欠なツールに広告を掲載していました。しかし、本節で紹介する**RSS広告**は、上級者向けのネット広告となります。

RSSは、ブログのコンテンツなど、Webサイトの見出しや要約を発信するためのフォーマットですが、配信されるRSSを閲覧するには**RSSリーダー**が必要となります。RSSリーダーは専用ソフトかWeb上のサービスを利用することにより、RSSの組み込まれたブログやWebサイトの更新を見出しや要約で閲覧できるようになっています。RSS広告は配信されているRSSにテキストが挿入されている広告なのです。

次ページの画像が、RSSリーダーで閲覧している記事と広告の例です。RSSリーダーの利用者は自分の好きなサイトやキーワードをRSSリーダーに登録してサイトを閲覧できるのがポイントで、自らが欲しい情報を高い精度で入手できます。

非常に便利なツールですが、今ではRSSを利用する生活者は少ないといわれています。実際に「Googleリーダー」というRSSフィードを読み込めるRSSリーダーサービスは、2013年に終了しました。このような背景から、RSSを利用する生活者は多くありませんが、インターネットで情報を収集するハイエンド生活者には便利なツールであり、ネット上級者に向けた広告に適しているといえます。

ただ、RSSリーダーで情報収集をしていると、広告が表示されるのが煩わしいと思う生活者が存在することも確かです。そのため、RSS広告をリーダーから削除するツールも存在します。

3-11　RSS広告

ブラウザ上でRSSリーダーを利用したRSS広告表示

RSSで配信された記事の一覧。RSS広告は、[PR] の見出しの文頭に表示される

クリックして、RSS広告を拡大させた状態

第3章　ネット広告の種類と仕組み

スマホのRSSリーダーアプリを利用したRSS広告表示

RSSリーダーのアプリで広告を表示

161

3-11 RSS広告

　このようにRSSリーダーの利用率は確かに低いのですが、RSS広告はニッチな広告戦略が可能です。キーワードやコンテンツの内容によって配信されるため、ターゲティングが可能なのです。生活者は、RSSリーダーに自らの嗜好に合ったRSS配信しているWebサイトやキーワードを登録して閲覧します。RSS広告は、この登録された生活者の嗜好に合った広告を配信するので、ターゲットを絞った広告戦略ができるわけです。

　閲覧の方法は、PCではブラウザのRSSツール、そしてRSSリーダーのソフトを使います。スマホは、RSSアプリで閲覧します。また、いささか時代遅れかもしれませんが、フィーチャーフォンのRSSリーダーアプリも配布されていたことがあり、かつてはフィーチャーフォン型のRSS広告も配信されていました。予備知識として覚えておきましょう。

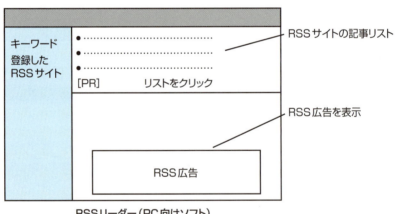

RSSリーダーで閲覧している記事と広告の概念図

RSS広告配信の仕組み

　さて、RSS広告の配信は、RSSを配信しているブログやWebサイトのRSSを読み込み、分析した後にRSSデータに広告を埋め込んで、再配信する仕組みになっています。一見、RSS広告を扱う会社が勝手にRSSに広告を埋め込んで再配信しているかのように思えますが、こちらもアフィリエイトと同じ登録制です。RSSを組み込んでいる会社や個人のWebサイトの運営者が、RSS広告会社へアドレスを登録。そして、RSS広告会社が内容を吟味した後に、広告配信の是非を決定します。広告配信が可能であると判断されたWebサイトのRSSだけを読み込んで配信しているのです。

　下の図で、RSS広告配信の仕組みを図解していますが、ほとんどのRSS広告会社がこのようにRSS広告を配信しています。

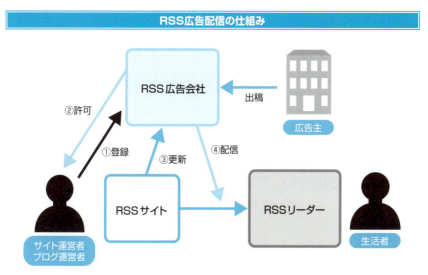

RSS広告配信の仕組み

3-11 RSS広告

PC上のRSSソフト・Feedly

URL http://feedly.com/

RSSリーダー専用ソフト。登録したいURLアドレス登録し、カテゴリー分けし、登録することで、最新の更新情報が得られます。Googleリーダーがサービス中止後、Feedlyというソフトが人気になりました。ブラウザ、スマホ用アプリ、そしてPCソフトを無料で提供しています。どのデバイスからも登録したフィードを閲覧できるので便利です。情報収集に役立ちます

3-12 ゲーム内広告

PC-Web型　スマホ型　配信方法

ゲーム内広告は、パソコンゲームだけでなく、ゲーム専用機のゲームに広告を挿入したことが始まりです。その後、オンラインゲームなど、インターネットのゲーム界にも登場しました。

▶▶ ゲーム内広告とアドバゲーム

　ゲーム内広告は、ゲームの中に広告を表示させるものです。簡単な例でいえば、実際の野球場やサッカースタジアムなどのスポンサーと同じく、ゲーム内にスポンサーとして登場させるのです。この場合、主体はあくまでも野球ゲームやサッカーゲームですが、狭義の意味でゲーム内広告の仲間として取り扱われるのが、アドバゲームです。

　アドバゲームは、広告の英語である「アドバタイジング（advertising）」と「ゲーム」を掛け合わせた造語です。アドバゲームは、ブラウザ上でプレイできるタイプで、mixiなどのSNSで楽しめるものが多く存在します。企業がスポンサーとなって制作されているため、生活者は無料でゲームを楽しめます。企業側も自社ブランディングに役立てるため、アドバゲームを活用しています。

　アドバゲームは、空いている時間に簡単にプレイできるのが特徴です。ゲーム内容は、スポンサーによって様々な種類が存在しますが、おおむねスポンサー企業の業態に関連するゲームであり、ゲーム中に企業の商品やキャラクター、ロゴマークなどが登場します。

　アドバゲームはスポンサー主体のゲームですが、ゲーム内広告もスポーツゲームだけでなく、幅を広げて話題となっています。最近の事例では、1989年に登場し、未だに人気の衰えないシムシティの事例があります。シムシティのゲーム内広告は、現代の環境問題を取り上げたもので、電気自動車・日産リーフの充電施設をゲーム内広告として、採用しています。

　シムシティをプレイしたことがある方はすぐに理解できると思いますが、交通渋滞などが多発すると住民がデモを起こし、終いには転居してしまい、人口が減り、街が退廃してしまうというシナリオが用意されています。ところが、日産リーフの充電

3-12 ゲーム内広告

施設を設置することで、住民の幸福度がアップし、空気がきれいな住環境となるシナリオになっています。

「電気自動車＝環境配慮」という好イメージをプレイヤーに与えることができ、企業のブランディングにも役立つゲーム内広告といえます。ただ単に、視覚的にブランディングイメージをプレイヤーに与えるのではなく、ゲームのシナリオとして登場するというのも、今までにないケースといえます。

日産リーフのシムシティへのゲーム広告は、2013年当時は斬新でしたが、今ではVRを活用したeスポーツやスマートフォンにも登場しています。スポーツゲームのスタジアムでの広告が多く、サッカーのゴールシーンなどに、大きくスポンサーを目立たせる広告を背景に入れるなど、工夫がされています。また、街角のシーンにバーチャルな看板広告を表示される手法もあります。

日産リーフのゲーム内広告

シムシティの電気自動車・リーフの充電施設を紹介しているゲーム会社エレクトリックアーツのページ（現在は閉鎖）

3-12 ゲーム内広告

　スマホのゲームはさらに面白く、位置情報を利用したコラボ企画なども多く利用されています。例として、妖怪ウォッチワールドで紹介すると、コラボ企画として、コンビニや飲食店、スーパーとタッグを組んで、その企業の店舗に行くと、レアキャラやガシャ用のコインをもらえるキャンペーンを実施しています。O2O（Onllineto Offline）の戦略ですが、ゲーム内広告の集客キャンペーンとして、一般の生活者も楽しめる内容になっています。

　VRやスマホの進歩により、これからも様々なゲーム内広告が登場するでしょう。また、ゲーム内広告を活用したキャンペーンも登場していくことが予想されます。

妖怪ウォッチワールドのキャンペーン

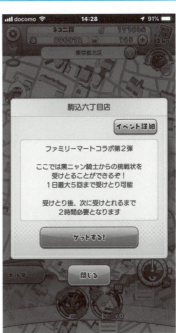

妖怪ウォッチワールドとファミマとのコラボ。O2Oで店舗に誘導し、レアキャラからの挑戦状がもらえ、戦うことができる

3-13 ネイティブ広告

`PC-Web型` `スマホ型` `広告フォーマット`

　Webサイトを見ていると、広告ばかりで困るという方もいるかも知れません。そこで、Webサイト内のコンテンツに溶け込ませる広告がネイティブ広告です。ネイティブ広告のフォーマットなどを解説していきます。

▶▶ ネイティブ広告とは？

　ネイティブ広告のネイティブとは、英単語で「native」と表記します。「知ってるよ、それくらい」といった感じでしょうが、ネイティブアメリカンなど、元からアメリアに住んでいる人のことを示す単語でもあります。これがポイントで、ほかのコンテンツと溶け込んでいる広告ともいえるのです。

　アドブロックのアプリなどで、広告を非表示にする生活者もいます。そこで、Webサイトを訪れてくる生活者に広告が目障りにならないように、コンテンツと広告を融和させる広告がネイティブ広告なのです。

　ネイティブ広告は、IABによって6種類のタイプに分類され、ネイティブ広告として適正か否かの評価軸が定められています。またJIAAもネイティブ広告に関する推奨規定を定めています。

▶▶ 6種類のネガティブ広告

　ネガティブ広告は、ガイドラインで6種類に分類され、評価軸も6要素あります。各ネイティブ広告の概要を説明します。

●インフィード型

　インフィード型は、**インフィード広告**ともいわれます。このインフィード型がコンテンツ内に存在します。Twitterのタイムライン上に表示される広告と考えておくとよいでしょう。

　インフィード型は、どれも記事の中に同化しており、［広告］などと明示されていますが、前述したTwitterやFacebookのタイムライン上にあるインフィード型で

も、内部リンクか外部リンクであるか否かによって、2つのタイプに別れます。

　外部リンクは、自社のサイトやキャンペーンサイトなどにインフィード型からリンクを貼ります。一方、内部リンクはFacebookであれば、Facebook内に開設されたFacebookページや投稿にリンクを貼るインフィード型になります。

　この2つのほかに、記事広告のタイプがあります。編集タイアップ広告ともいいますが、ネット広告で初めて登場したものではありません。雑誌などの紙媒体の時代から記事広告は存在しました。

　例えば、雑誌の場合には、一般の記事のように見えても、1つの製品にしか注目して記事を書かれておらず、よく見ると欄外に「広告記事」「PR」というロゴや文字が小さく挿入されています。JIAAのガイドラインと同じですが、雑誌やWebサイトなどのWebメディア（媒体）を持っている会社が広告主の要望に応えて、編集執筆をして作成されている広告なのです。

　バナーやメールマガジンと異なって、しっかりと作成された広告になっているのも特徴です。Webメディア側が客観的にレビュー記事に作成するなど、一種のコンテンツのように見え、かつ詳細な商品やサービス情報をユーザーへ伝えられる点などが優れています。話は脱線しますが、SNSやソーシャルメディアでのエバンジェリストに記事を書いてもらうレビューに似ています。

　記事広告はユーザーの心に響きやすく、広告出稿の目標である「認知」だけでなく、商品やサービスに対して、より深い「理解」や「共感」へと誘えるのです。

　記事広告のインフィード型としての役割は、リンク先は記事広告、そしてほかのコンテンツと並列に掲載されている場合は、[広告]などが明記され、リンク先も同様に広告であることを明示していなければなりません。

● ペイドサーチ型

　少し混同してしまいますが、**ペイドサーチ型**は、検索連動型であり、インフィード型の一種で、馴染み深い広告であると思います。ペイドサーチ広告とリスティング広告、検索連動型をトリオで覚えておけばよいでしょう。

● レコメンドウィジェット型

　ニュースサイトやショッピングモールにオススメ記事や商品とともに配信される

のが**レコメンドウィジェット型**です。「レコメンド」は、直訳すると「推奨」などの意味がありますが、ここではオススメ記事のようなニュアンスです。

ウィジェットは、ブログなどのCMSを管理した経験のある人であればわかると思います。Webサイト内の特定の場所を選択して、設置することができる特定の機能を持ったアプリのことをいいます。

特定の場所へ推奨する広告を配信するツールが、レコメンドウィジェットと理解するとよいでしょう。レコメンドウィジェットは、アクセスしてくる生活者ごとに、興味関心に沿った広告を配信するツールなので、人によって異なる広告が表示されます。

● プロモートリスティング型

プロモートリスティング型は、別名を**リスティング広告**といい、楽天やAmazonなどで使用品を検索した時に、関連商品として検索結果に表示される広告です。ガイドラインでは、検索した商品やサービスと関連する広告でなければいけないとされています。

プロモートリスティング型は、ペイドサーチ広告と似ていますが、サイト内検索で表示される広告と認識するとよいでしょう。

例えば、Amazonで「PCアーム」と検索すると、Amazonに登録されている商品の一覧の中に、「スポンサープロダクト」と記載された商品が上位に、もしくは大きめサイズで表示されます。これがプロモートリスティング広告なのです。

プラットフォームに参加している企業の中でも、さらに広告費を支払い、プラットフォーム上で出稿しているパターンです。Amazonの場合は、PCアームを出品している企業でも、さらに売上を上げたいと思う事業者は、Amazonというプラットフォーム上で、広告を出稿して「スポンサープロダクト」として、上位掲載をさせるのです。

プロモートリスティングは、プラットフォームに参加しており、そのプラットフォーム内での広告という点でペイドサーチ広告とは異なります。

● インアド型

少しネーミングで困ってしまうのが、ネイティブ要素を持つ**インアド型**（IAB基

準)ですが、コンテンツ連動型と同じインフィード広告です。

ネイティブ要素とは、配信されるWebメディアのデザインなどと親和性があって、その中にコンテンツと一緒に同化している広告であることです。

ここまで聞いて、ネイティブ広告の要素と変わらないと思うかもしれませんが、コンテンツ連動型で配信されるところが、ネイティブ要素を持つインアド広告の特徴です。

サングラスのメーカーの広告の場合、コンテンツマッチとして、ファッション系サイトのサングラス紹介ページにネイティブ要素を持つインアド型が配信されます。ファッションサイトのデザインにマッチしつつ、サングラスのページへ広告であること明示して配信されます。

●カスタム型

カスタム型は、今まで解説してきた5種類に該当しておらず、評価軸も6要素の対象外のものをいいます。

少し難解な感じもしますが、LINEの公式スタンプが好例です。コンテンツの中にありながら、各企業のキャラクターを使い、LINEを利用する生活者にブランディングしているといえます。

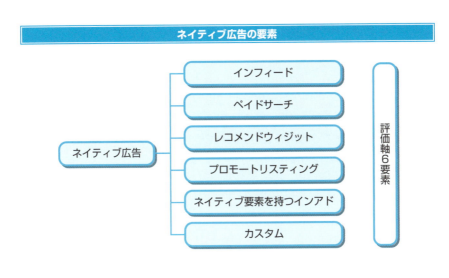

ネイティブ広告の要素

▶▶ ネイティブ広告の評価軸となる6要素

　JIAAのネガティブ広告に関する推奨規定では、広告表記に対して「広告内に［広告］、［PR］、［AD］等の表記を行う。文字の大きさ、文字や背景の色、表示する位置など、わかりやすい表示となるように留意する。」としています。そして、次のような評価軸の要素をIABは「THE NATIVE ADVERTISING」で発行しています。

①FORM（形式）

　広告の形式とデザインは、メディアのコンテンツと同じ仕様。

②FUNCTION（機能）

　広告はメディアのほかの記事と同様の機能、ユーザー体験を提供する。

③BUYING & Targeting（購入とターゲティング）

　特定のページ、セクション、サイトに広告の掲載場所を確保する。

④MEASUREMENT（測定）

　クリック数、コンバージョンに加え、エンゲージメント重視の解析。

⑤DISCLOSURE（明示性）

　広告であることを明確に記載する。

　DISCLOSURE（明示性）は、JIAAの引用と同様の表記が必要で、広告であることが生活者の認知を容易にでき、動作も他のコンテンツと同様に動作し、ネイティブ広告の定義「ユーザーの情報利用体験を妨げないこと」というWebメディアになっているかが重要となります。

3-13 ネイティブ広告

JIAAのネイティブ広告に関する活動

▼JIAAのネイティブ広告に関する活動

http://www.jiaa.org/release/release_nativead_150318.html

COLUMN インターネット視聴率の調査方法は？

　Webサイトのアクセスログ解析は、サーバーにアクセスログのソフトのインストールやタグを用いて行われます。取得できるデータは様々で、IPアドレスから居住地域や端末のほか、広告やリンクの貼ったWebサイトからアクセスなどの状況を理解できます。

　一方、インターネット視聴率の取得は、生活者の中からインターネット視聴率の計測に協力してもらえる人を選定し、IDとパスワードの利用者パネルを発行。パソコンへインターネット視聴率のソフトをインストールし、利用者パネルでログインしてもらい、計測する仕組みになっています。インストールしたソフトから生活者のアクセス履歴を収集し、計測するのです。

　収集されたデータは、生活者の属性などに分類されて、クロス分析等を行ったりし、情報を求める広告主やWebメディアなどに提供されます。

　では、生活者はどのように募集しているのでしょうか。気になるところですが、実はモニター募集サイトなどから、公募で募っています。

　前出のニールセンデジタル株式会社では、モニター募集サイト・モニタータウンなどで、インターネット視聴率調査のモニター募集を行なっています。モニター希望者は、モニタータウンにユーザー登録後、インターネット視聴率を計測するソフトをパソコンやスマホへインストールすることで計測を開始。モニタータウンのポイントを貯めて、Amazonや楽天などのポイントへ交換することができます。

　モニター募集の一例ですが、生活者へ何らかのメリットを与えて、インターネット視聴率を計測しているということも知っておくとよいでしょう。ちなみにモニタータウンの場合、職場のPCでのモニターが一番多くポイントをもらえる仕組みになっています。

第4章 スマホ広告とSNS広告の種類と仕組み

スマホ広告は、PC-Web型と共通する広告もありますが、独自の特性を活かした広告もあります。例えば、同じバナー広告でも、PC-Web型と同じモデルのものもあれば、スマホならではのバナー広告も存在します。次にSNS広告（ソーシャルメディア広告）ですが、こちらはTwitter、Facebookなど、ソーシャルメディア事業者が展開する広告です。本章では、スマホ、そして各SNSに特化した広告を紹介します。

4-1 スマホ広告の概要

スマホ広告は、ネット広告の中でも歴史が浅い広告です。モバイル端末向けには、フィーチャーフォン広告がありましたが、フィーチャーフォン広告には独特のプロモーション手法があるため、スマホ広告の進化とは異なります。

▶▶ iPhoneとAndroidの登場から発展したスマホ広告市場

ひと言でスマホといっても、長い変遷があります。21世紀の直前に、アメリカでBlackberryやPalmなどのPDAが登場し、その後、Windows Mobileなどが登場しました。しかし、本格的に**スマホ広告**が登場するのは、2007年のiPhone、および2008年のAndroidの登場まで待つことになります。日本では、2008年7月のiPhone 3Gの発売からスマホ広告が始まったといえます。

下のグラフは、「情報通信白書 平成30年版」から抜粋した「スマートフォンの個人保有率の推移」です。20代、30代は90パーセント以上で、40代は85％程度、50代は72％程度と、スマホ広告市場が年々増加している推移が理解できます。

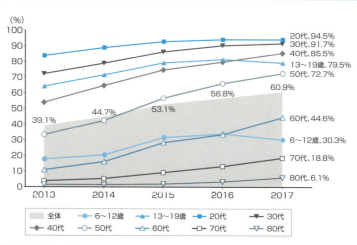

スマートフォンの個人保有率の推移

出典 「情報通信白書 平成30年版」から抜粋

一方、出荷台数は、頭打ち状態といっても過言ではありません。MM総研は、2018年1月〜12月の国内携帯電話・スマートフォン出荷台数を発表しました。スマートフォンとフィーチャーフォン（ガラケー）を合計した総出荷台数は3,499.9万台だったそうで、前年比6.3%の減少となり、2009年の統計開始以降、2番目に少ない出荷台数であったということです。

機種別では、日本国内で強いiPhoneの出荷台数は1%減少、シェア44.1%で7年連続トップであったそうです。Androidは、2位シャープ、3位ソニーモバイルで、Samsung、Huaweiが続く状況です。

繰り返しになりますが、このようなデータから判断し、自らのターゲットとなる生活者のスマートフォン等の端末の利用状況を調べて、広告出稿を戦略的に考えることも重要です。

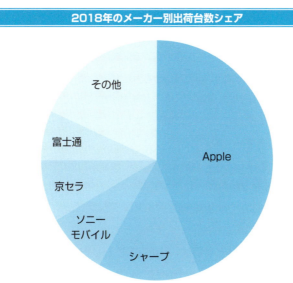

2018年のメーカー別出荷台数シェア

出典 MM総研
URL https://www.m2ri.jp/news/detail.html?id=335

4-2 リワード広告

スマホ広告の課金システムは、PC-Web型やフィーチャーフォン型と基本的に同じですが、若干システムが異なるのがリワード広告です。広告を見た生活者にインセンティブが付与される仕組みで、ゲームなどで利用されている課金システムです。

▶▶ 広告を見た生活者にインセンティブを与えるリワード広告

　スマホ広告の課金システムの中で、広告を見た**生活者**に**インセンティブ**が与えられるのが**リワード広告**です。リワードという概念は、スマホ広告から生まれたわけではありません。リワードとは、もともと商品やサービスの購入、寄付などの行為に対して、得られる何らかの特典や価値のことをいいます。ふるさと納税をすると地域の特産物が貰えたり、飛行に乗って出張に行き、そのマイルを貯めて家族旅行に行けたりするのもリワードの一例です。

　スマホ広告におけるリワード広告は、成功報酬型広告の一種になります。例えばゲームを開発して、後に解説するアプリ内広告をゲームの内部に実装するとします。ゲームのプレイヤーが広告を見ると、ゲーム開発者の収入になるのがディスプレイ広告の仕組みでした。そして、ゲームの商品購入などであれば、成果報酬型のアフィリエイト広告となります。

　しかし、リワード広告で大きく異なるのが、ゲームのプレイヤーである**生活者**も何かしらのインセンティブが与えられる点です。ゲームであれば、ゲーム内で利用する資金やポイント、もしくは武器やカードアイテムなど、ゲームの内容によって様々ですが、このようなインセンティブが与えらます。

　リワード広告の出稿方法としては、まず広告主がリワード広告に対応したASP（アフィリエイト・サービス・プロバイダ）へ広告を出稿します。ASPではリワード広告用のプログラムを提供し、Webメディアやゲーム開発者がそのプログラムをWebメディアやゲームに組み込むことで完了します。

4-2 リワード広告

ゲームでのリワード広告の例

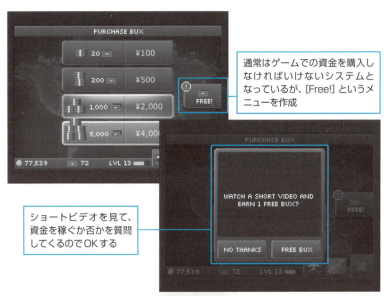

通常はゲームでの資金を購入しなければいけないシステムとなっているが、[Free!]というメニューを作成

ショートビデオを見て、資金を稼ぐか否かを質問してくるのでOKする

ショートビデオを見た後に、資金を稼ぐことができる。このゲームの場合は、広告主はほかのゲーム会社

4-3 インライン広告とオーバーレイ広告

スマホのバナー広告には、従来のバナー広告と同じ形式の広告がありますが、サイズが小さくなっています。スマホのブラウザ上で表示されるバナー広告もあります。リッチメディア広告を含めて、解説していきます。

ブラウザ上で表示される2種類のスマホ広告

スマホのブラウザ上で表示されるバナー広告には2種類あり、1つはインライン広告といいます。そして、もう1つがオーバーレイ広告です。

●インライン広告

PC-Web型やフィーチャーフォン型のバナー広告と同じ**インライン広告**は、スマホ用Webページの一定の場所へタグを貼り、広告をその場所に埋め込むタイプのものです。PC-Web型やフィーチャーフォン型と同じく、タグを貼り付けた場所に広告が表示されます。スマホの場合は「バナー広告＝インライン広告」と覚えておくとよいでしょう。

インライン広告の仕組み

●オーバーレイ広告

オーバーレイ広告と聞くと、リッチメディア広告の項目を思い出される方もいると思いますが、実はフローティング広告と同じ動きをする広告です。この広告もスマホ用Webページに広告用のタグを貼り付けます。しかし、インライン広告とは異なり、タグを貼り付けた場所に広告が表示されるのではなく、Webページをスクロールすると、常に定位置に広告が表示されます。常に画面の上部か下部に表示される特徴があり、そのため、**スクリーンオーバーレイ広告**と呼ばれる場合もあります。

オーバーレイ広告の仕組み

　常に定位置に広告が表示され、少々ストーカーっぽいオーバーレイ広告は、生活者が煩わしいと感じる傾向があり、削除方法などを検索する生活者もいます。一方で、サイト運営者の中には、オーバーレイ広告が効果的であると効果測定の結果を公表している方もいます。

　業態ごとの生活者の嗜好性にもよりますが、最初は両方を出稿して効果測定をして、インライン広告かオーバーレイ広告にするかを検討するとよいでしょう。

　ちなみに、スマホに最適化されていないWebサイトでも表示され、同様の動作をします。

4-4 アプリ内広告

スマホのアプリ内の広告をアプリ内広告といいます。課金の方法は前述したリワード広告形式やダウンロードされた場合に報酬を受け取る成果報酬型の広告となりますが、ひと言でアプリ内広告といっても様々な種類があるので、それらの広告を解説していきましょう。

▶▶ アプリ内広告は4種類

アプリ内広告は、無料のアプリで見られる広告です。ほかのアプリやスマホ用Webサイトへのリンクとなっていて、無料のアプリを提供する開発者の収入源となります。なお、アプリ内広告の形状はWebサイトなどにも利用されていることも付け加えておきます。

アプリ内広告は、大別すると4種類のタイプがあります。

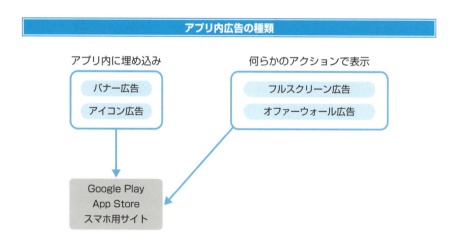

アプリ内広告の種類

●バナー広告

Webメディアのバナー広告と同じ形態ですが、アプリ内で表示され、ほかのアプリの広告などが表示されます。

●アイコン広告

　こちらはアイコンサイズの広告をアプリ内に貼り付けてある形態で、バナー広告と同様に、ダウンロードページへ移動します。広告枠は、38×38、50×50、58×58ピクセル、指定式などありますが、これは広告配信会社によって異なります。下の図は、画面下にアイコン広告が、全画面にアイコン広告が表示される場合もあります。

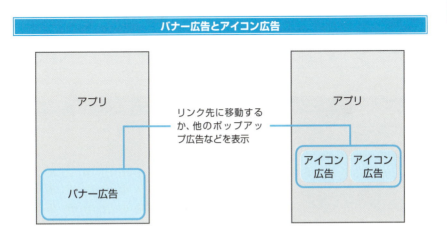

バナー広告とアイコン広告

●フルスクリーン広告

　その名の通り、画面いっぱいに広告を表示する広告です。画面の一部に表示されるポップアップ広告もありますが、全画面表示されるため、当然のことながら、ポップアップ広告よりもインパクトがあります。また、生活者に敬遠される傾向にあります。

●オファーウォール型広告

　アプリ内で「オススメアプリ」というリンクやバナー広告の一覧が表示され、クリックするとアプリのダウンロードページへ移動します。何らかのアプリのアクションで、フルスクリーン広告で表示される場合もありますが、ほとんどが前述したようなバナー広告などのリンクで表示されます。

4-4 アプリ内広告

ポップアップ広告とフルスクリーン広告

オファーウォール型広告

バナー広告が並ぶ場合もある

企業の自主制作アプリでのプロモーション

　大手企業の中には自社でアプリを開発し、プロモーションに活用しているところも多数あります。新製品情報だけでなく、セール情報などの様々な情報を生活者に提供したり、自社のキャンペーン用だけにアプリを開発したりすることもあります。例えば、食品会社の場合は、自社の商品を利用したレシピを検索できるアプリを提供しています。

　また、自社のポイント機能を利用したアプリも多くの企業が採用しています。ス

4-4 アプリ内広告

マホの普及とともに、従来のポイントカードと併用して活用している企業も目立ちます。自社でアプリを開発できない場合は、LINE@などのサービスを活用すると、自社アプリまでの機能とは行きませんが、クーポン券の発行などができ、スマホを活用したプロモーションが可能になります。

LINE@の活用

URL http://at.line.me/ja/

4-5 プッシュ通知とO2O集客アプリ

インターネットを使って集客する方法は、検索エンジンやクチコミサイトだけではありません。スマホ広告を使って、お店の位置情報とともに、生活者にクーポンなどを配布して、集客を図れます。

▶▶ プッシュ通知とO2Oとは

　プッシュ通知は、スマホ上でアプリを起動していなくても、生活者の待ち受け画面に直接メッセージを配信できるシステムです。企業の自社アプリやLINE@では、このプッシュ通知の機能を搭載して、生活者へセール情報やクーポン配布などを伝えられます。

　また、**O2O**とは「Online to Offline」の略で、スマホなどを介してインターネット（Online）だけでなく、実際のお店（Offline）へと足を運んでもらう施策のことです。新しい考え方ではなく、かつては「クリック＆モルタル」といわれていました。スマホに向けてプッシュ通知でクーポンなどの情報を伝え、その情報を元に生活者が来店する仕組みです。

　プッシュ通知とO2Oに加え、**位置検索情報**をアプリに加えることで、店舗の近隣にいる生活者に限定して、情報を発信できます。

▶▶ O2Oサービスアプリとポイント付与

　「位置情報×属性×時間×プッシュ通知（クーポンなど）」により、生活者へ最適なタイミングで情報配信できるアプリは、企業の自社アプリに付加機能として追加できるため、様々なASP（アプリケーション・サービス・プロバイダ）がサービスを提供しています。

　例えば、複数の飲食店をチェーン展開している企業が、自社アプリにO2Oサービス機能を付加すると様々な顧客サービスが可能になります。位置情報を利用してチェーン店の5キロ圏内にいるアプリユーザーに向けて、生ビール無料クーポンをプッシュ通知で送信すると、集客を狙えます。

また、自社アプリにO2Oサービス機能を追加したい場合、自社で一から開発する必要はなく、O2O開発ASPの力を借りて自社のアプリに追加するだけなので、開発のコストダウンにつながります。

自社アプリにO2Oサービス機能を追加して集客する施策以外にも、来店でもれなくポイントを付与する施策もあります。その代表例として、本書では**スマポ**をピックアップしまます。

スマポを使うには、まずアプリをダウンロードして、ユーザー登録します。スマポは生活者のスマホの位置情報から近隣のポイント付与店舗をリストで紹介します。そして生活者がお店に出向き、レジ前でアプリが特殊な信号を受信すると、ポイントが付与されるというものです。

商品やサービスを購入していなくてもポイントを付与していますが、すべての生活者がポイント目当てだけでなく、何かしらの購入を期待することで成立しているアプリといえます。

このように、純粋なスマホ広告だけでなく、スマホでのプロモーションという位置付けで、アプリを活用した集客方法もスマホでは可能なのです。

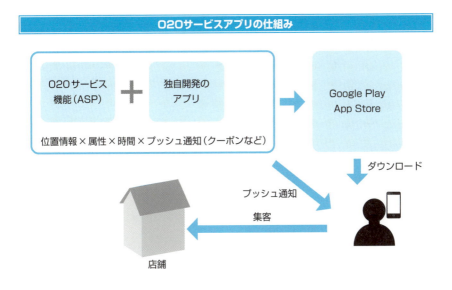

O2Oサービスアプリの仕組み

4-6 SNS広告（ソーシャルメディア広告）

SNS広告（ソーシャルメディア広告）は、TwitterやFacebookなどに表示されます。生活者なら誰でも投稿でき、各SNS上でコミュニケーションを図ります。広告の目的は、SNSによって異なります。

▶▶ SNSと広告

　TwitterやFacebookなどのSNSやブログ、YouTubeなどのソーシャルメディアは、一般の生活者が誰でも投稿できるインターネット上のメディアです。以前は、**CGM**（消費者生成メディア）と呼ばれていました。生活者たちは自分の意見を述べ、そこからほかの生活者との交流が生まれます。

　SNSから生まれたトレンドも数多くあります。その一例として、2010年くらいに「ドロリッチなう」という投稿がTwitterで人気になり、それに比例して、「ドロリッチ」という飲料商品の売上がアップしました。トレンドを作った生活者に対して、販売元のグリコがお礼をしたという実話は有名ですが、このネットの伝播性、つまりクチコミが企業も見逃せなくなったのです。

　また周知の通り、企業でも低コストで利用できるSNSの活用に力を入れています。SNS上で企業が発信する情報の多くは、クチコミの誘発と伝播性によって商品やサービスの認知度を高めたり、企業ブランディングを目的としていますが、そのためには生活者とのつながりが重要となります。

　Twitterでいえば、フォロワーが多いほど、クチコミが発生する確率が高くなります。そのため、フォロワーを獲得するための広告を出稿するケースも珍しくありません。

　現在も新しいSNSが生まれ続けているため、すべてのSNS広告を取り上げることは難しいのですが、主要なSNSを中心に、その特徴を解説していきましょう。

▶▶ ブログ

　ブログはSNSの先駆けといえるメディアです。広告主がブログへの出稿方する場合は、アドネットワークへ出稿します。そして、無料ブログサービスから各生活者

のブログへ配信します。無料ブログのサービス提供会社は、生活者が無料でブログを利用できる代わりに、アドネットワークから配信される広告を各生活者のブログに表示して、その広告から収益を得ているのです。無料ブログを利用する生活者も利用しているブロサービスの利用規約によって、コンテンツ連動型広告やアフィリエイト広告などを掲載できます。

　自分で構築したブログや有料ブログでは、広告に対して制限がありません。よって、アドネットワークやコンテンツ連動型広告やアフィリエイト広告などを自由に掲載できます。

　広告主の方では、ブログのジャンルなどを検討した上で、アドネットワークやコンテンツ連動型広告、アフィリエイト広告などを活用します。なお、ブログのログイン画面への広告などは純広告扱いで掲載できます。

ブログでの広告掲載位置

無料ブログサービスのログイン画面

無料ブログサービスのブログには、サービス側の広告表示と生活者の広告が混在

4-6 SNS広告（ソーシャルメディア広告）

▶▶ mixi

日本で代表的なSNSといえば、**mixi**です。mixiの広告は、生活者が閲覧するページには、Google Adsenseが利用されており、外部のアドネットワークを利用しています。しかし、独自の広告も存在します。その一例が、**mixiアプリ広告**です。

mixiアプリは、mixi上で動作するゲームなどのソーシャルアプリケーションです。ソーシャルアプリケーションで生活者同士がつながり、特にゲームは盛り上がっています。このmixiアプリの部分へ広告を表示させるのが、mixiアプリ広告です。

またmixiアプリは、個人法人を問わずに開発でき、ゲーム内課金が可能です。外部の開発者がmixiアプリを制作し、そこから利益を得られるのですが、ここで注目したいのが**mixiポイント**です。mixiポイントは、mixi内で利用できる通貨ともいえるポイントです。ポイントは生活者自ら購入できるほか、リワード広告のように広告主のアンケートに答えた場合など、広告主の目的を達成するとインセンティブとして支払われます。mixi内に広報ページを持つこともできるため、広告のみならず、mixi内の生活者へアプローチし、クチコミを伝播させられます。

ゲームを中心としたユーザー層がターゲットとなる場合、いまだに国内に抱える生活者の数は多いので、mixiページの活用などで狙い目といえるSNSです。

mixiアプリ広告のガイドライン

URL http://developer.mixi.co.jp/appli/policies/apps/mixi_app_ad_guideline/

▶▶ ニコニコ動画

　動画のアップロードだけでなく、ストリーミング配信の生放送も可能な**ニコニコ動画**は、日本の動画系SNSとして人気ですが、**ニコニ広告**というサービスがあります。

　ニコニ広告には、アップロード動画と生放送の2種類があり、**ニコニコポイント**を支払うことで出稿できます。アップロード動画では、特定のタグを指定してニコニコポイントを支払い、そのほかの生活者が指定タグで検索すると、ニコニ広告枠に掲載される仕組みになっています。

　生放送の広告では、ニコニコ動画のプレイヤー上部マーキーの枠内に「只今、生放送中！ 見に来てください！」などというメッセージをリアルタイムに流せます。

　詳細は「ニコニ広告（https://nicoad.nicovideo.jp）」で確認できますが、企業の商材紹介がニコニコ動画にアップロードされていることがあります。商材動画をさらに生活者に視聴してもらうために、ニコニ広告を活用する手法があります。また、自社のコンテンツで、視聴価値のあるものであれば有料コンテンツとして配信できます。

　mixiと同じように、業態やターゲットによって様々な利用方法が考えられますが、ほかのSNSとの連携で、コンテンツの伝播も狙えます。mixiページ同様に、ニコニコ動画の動画にもFacebookやTwitterへのソーシャルボタンが搭載されています。そこから情報も伝播できます。これらの仕組みと広告を合わせた戦略を考えるのも1つの手です。

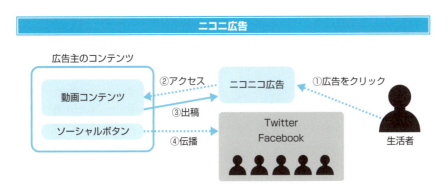

ニコニ広告

4-7 動画系SNS広告

YouTubeの動画広告については、PC-Web型のネット広告で解説しましたが、SNSの特性を活かした動画マーケティング手法があります。広告とSNSの連携戦略の1つの考え方を紹介しましょう。

▶▶ ランディングページをSNSに設定する戦略

　YouTubeから配信される動画広告ではなく、自社の商品やサービスなどの動画をYouTubeへアップロードして自社のチャンネルを作成し、ネット広告のランディングページにできます。さらに自社のYouTubeチャンネルを、YouTubeを含めたほかのSNSへのクチコミ伝播の基軸とさせることも可能です。

　例を挙げると、アメリカ公式観光機関「Discover America」の**インディスプレイ型動画広告**です。マウスカーソルを合わせると動画が再生され、クリックするとYouTubeチャンネルへ移動します。YouTubeチャンネルには、インディスプレイ型動画広告では伝えきれないアメリカ観光の魅力が詰まった動画がアップロードされており、各観光地の魅力を伝えます。

　アメリカ公式観光機関は資金力があるため、インディスプレイ型動画広告を作成し、大手ポータルサイトなどに掲載できますが、資金の少ない企業でも、前述したように**YouTubeチャンネル**を作成できます。最近では、PCの機能が向上し、動画編集ソフトも低価格になったため、初心者でも手軽に動画が編集できるようになっています。これらを活用して動画を作成し、YouTubeチャンネルへアップロードするのです。そしてYouTubeチャンネルを広告のランディングページや、ブランディングの基軸として、自社の製品やサービスの紹介、用法、お役立ち情報などの動画をアップロードします。

　この手法は、YouTubeチャンネルだけでなく、Facebookページなどにも活用でき、これらを基軸にクチコミなどを伝播させていきます。

　アメリカ公式観光機関の場合は、大手ポータルへの出稿でしたが、低予算で可能な検索連動型広告やコンテンツ連動型広告、そして、次々節で紹介するFacebook広告でも低予算で、出稿できます。これらの低料金の広告を活用して、YouTube

チャンネルなどのランディングページへ導線を作ることも可能です。

　広告からの導線を確保し、アクセスしてコンテンツを閲覧した生活者から共感を得れば、ソーシャルボタンから自らの友達へコンテンツを共有し、クチコミが伝播します。当然のことながら、YouTubeユーザー間でも伝播しますが、自らもFacebookページやTwitterなど、ほかのSNSを活用して、主軸としたYouTubeチャンネルとアップロードした動画をプロモーションします。

　このようにネット広告と各SNSを連携させて、ブランディングやプロモーションを行えるのです。広告活用の1つの手法として、参考にしてください。

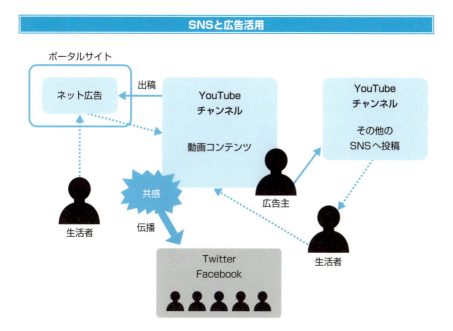

SNSと広告活用

4-8
Twitter広告

Twitter広告は、3種類あります。1つはTwitterのタイムラインにツイートを挿入する広告。そして、おすすめユーザーとして推薦されたり、好みのハッシュタグを作成してトレンドとして、出稿することもできる広告です。Twitter広告の3種類の広告と概要を解説していきましょう。

▶▶ 3種類のTwitter広告

Twitterユーザーの方で気付いている方もいると思いますが、Twitterアカウントの設定のメニュー内に**Twitter広告**という項目があります。ここからTwitter広告が出稿できるようになっています。また、各ツイートにある「ツイートアクティビティを表示」をクリックすると、ツイートのインプレッションやエンゲージメント数に加え、プロモツイートとして、広告出稿できるようになっています。

Twitterへ広告を出稿する場合は、「プロモアカウント」「プロモツイート」「プロモトレンド」の3種類から選択しなければいけません。

それぞれの広告を解説しましょう。

●プロモアカウント

Twitter画面の右横にある「おすすめユーザー」に矢印のアイコンとともに「プロモーション」と表示される広告です。出稿時に、「興味関心」「地域」「性別」などを詳細にターゲティングできます。

もちろん、世界中のTwitterユーザーで自らの事業と関連性のある生活者に、自社のアカウントを表示できるのです。

アカウントがおすすめユーザーに表示されるので、インプレッション課金かと思いきや、アカウントがフォロー時だけに課金される成果報酬型です。広告表示にフォローされなくても、おすすめユーザー表示でブランディング効果も期待できるので、お得な広告といえます。

● プロモツイート

　広告名で理解できると思いますが、ツイートをプロモーションする広告です。ターゲティング方法は、プロモアカウントと同じなのですが、特筆すべきは生活者の利用しているデバイスを指定してプロモーションできる点です。ツイートのリンク先のコンテンツが、内容をじっくり読ませる内容であれば、PCユーザーをターゲットとします。そして、タイムセールなどの告知の場合は、スマホなどを指定するなど、ターゲットとなる生活者のTwitterアクセス状況に合わせてプロモツイートが可能です。

　なお、プロモーションツイートは、現在のフォロワーだけでなく、ターゲットにしている潜在的な生活者にもツイートが表示されます。課金は、プロモツイートに反応した時のみ、発生します。

● プロモトレンド

　Twitter上では、ツイートのカテゴライズや共通の話題にツイート内に「#xxxxx」と**ハッシュタグ**を入れます。そして、ハッシュタグの中でも話題になっているハッシュタグがトレンドとして表示されます。

　プロモトレンドの場合は、広告主が話題作り、そして自社の話題をトレンドとするために利用する広告です。出稿した場合は、トレンドのリストの上位に表示され、矢印のアイコンとともに「プロモーション」と表示されます。広告料金は、固定料金となっています。

Twitter広告の表示位置

4-9 Facebook広告

Facebook内に広告を作成して、自らのFacebookページに「いいね!」を増やしたり、クーポンを発行するなど、機能を把握すると、個人でも広告を出稿することが可能です。Facebookには、様々な目的や種類があるため、これらを解説していきます。

▶▶ Facebook広告の目的

　Facebook広告は、Facebookを利用している生活者に表示される広告です。広告の目的は、大きくわけて7種類あります。7種類を順に紹介していきましょう。

　Facebook広告は、FacebookだけでなくInstagram、Messenger、そしてAudience Networkに出稿することができます。Audience Networkは、Facebook、InstagramだけでなくWebメディアやアプリにも配信することができます。

● ブランドの認知度アップ

　ブランドの認知度アップ広告は、自社の広告を見たと覚えている可能性の高い生活者に広告を配信します。広告を見たことは、Facebookページの「いいね!」などの嗜好性や行動から把握することが1つ。そして、広告を見た生活者とほかの生活者のアンケートを比較する「広告想起リフト」を活用して、広告配信されます。

　興味関心のある生活者に広告を配信しますが、しつこく何度も配信されるのではなく、5日に1回など、適度に表示されるようになっています。

● リーチ

　リーチは様々な意味で使われますが、Facebookでは、広告を見た生活者を1とカウントします。そして、前述したインプレッションは1回表示でカウントします。

　Facebook広告のリーチ機能を利用すると、広告が表示させたいターゲットへ広告を表示される頻度を最大化でき、ブランドの認知度アップ、広告表示されるターゲット層の数を増やしたい場合に利用します。また、1人の生活者に広告を表示回数を管理できるフリークエンシー管理を設定して、広告表示回数や感覚を設定するこ

とができます。

● リード獲得

　リード獲得広告は、興味関心広告と同じと考えてよいでしょう。自社の商品やサービスに関心を持ってくれる生活者にアピールすることができます。

● ブランドの検討機会を増やす

　コンバージョン獲得が広告の目的ですが、業態によって様々なコンバージョンのゴールが存在します。そこで、Facebookでは、各コンバージョンに合わせたゴールの達成に役立つ多数のパターンを用意し、広告の目的に合わせた選択ができるようになっています。

● 製品のコンバージョンを獲得

　自社のWebサイトやアプリのエンゲージメントやコンバージョンを増やします。コンバージョンは、Facebookからコンバージョンに至ったケースから割り出され、コンバージョンに繋がりそうな生活者をFacebookの過去の行動履歴や興味関心等から割り出して、広告を表示させます。

● メッセージ

　Facebookの友達などとメッセージがやり取りできるMessengerを利用した広告です。広告に反応してくれそうな生活者をターゲティングし、メッセージを送信し、その反応に対して商品やサービスの検討段階から購買へと導こうとするものです。

● ダイナミック広告

　商品や財産などの目録を**インベントリ**といいますが、ダイナミック広告では、自社の商材などをこのイベントリで表示させ、Facebook利用者に表示させる商品カタログのような広告です。ほかの広告の目的と合わせて、活用することも可能です。

4-9　Facebook広告

Facebook広告のガイドライン

URL https://www.facebook.com/ad_guidelines.php

▶▶ Facebook広告の出稿方法と表示場所

　Facebook広告は、**Facebook Business**のページから出稿できるターゲティング広告です。ある程度の知識を備えれば、Google AdWordsなどの広告と同様に個人でも出稿できます。

　広告の目的は、前述した7種類とも異なりますが、すべてFacebook Businessから作成できます。また、ターゲティング広告であるため、広告を表示する地域や性別、年代などの属性を細く設定でき、Facebookページでの「つながり」での設定、「興味関心」までも設定できます。

　気になる課金方法は、3種類あります。Facebookへお任せする「最適化」の方法、そして「クリック課金型」と「インプレッション課金」で、入札形式で出稿します。最初は、広告を「最適化」を選択して出稿する方法がオススメです。

4-9 Facebook広告

　広告が表示される場所は、ニュースフィード、個人のタイムラインの右横、もしくはニュースフィード上に表示されます。スマートフォンでは、ニュースフィード上に表示されるようになっており、広告主が端末を選択して、出稿することも可能です。下の画像がニュースフィードの表示例です。

Facebook Business

URL https://www.facebook.com/business

ニュースフィードの表示例

枠内がFacebookのニュースフィードでの広告表示場所

COLUMN　Webブランディングとは何か？

　Webブランディングでは、Webサイトに訪れる生活者との良好なコミュニケーションを形成し、Webサイトのファンを作り出すことを基本コンセプトにしています。ファンになった生活者には恒久的なリピーターとして売上に貢献してもらったり、サービスを利用してもらおうというものです。

　Webブランディングを成功させるためには、自社のWebサイトを有名にすることは当然ですが、有名にする前に、以下のようなポイントを基本に顧客のニーズに応えていく必要があります。

①人気商品がWebサイトに掲載されているか？
②生活者の関心のある情報を提供できるか？
③おもしろい体験やサービスが提供できるか？
④キャンペーンなど、お得なWeb限定サービスがあるか？
⑤質問に対するレスポンスが早いか？

　このほかにも様々な顧客のニーズに応えて、Webサイトはブランディングされていきます。

第5章

ネット広告出稿の流れと効果測定

技術革新が目覚ましいネット広告の世界ですが、実際に出稿する方法から効果測定までを紹介します。ネット広告の効果測定はアトリビューションといわれ、ここでもアドテクノロジーとの関わりがありますので、第2章を思い出しながら理解してください。

5-1 ネット広告出稿前のプランニング

ネット広告の概要とアドテクノロジーについて解説してきました。各ネット広告の特徴は次章で解説しますが、その前にネット広告の出稿方法を解説していきます。

▶▶ ネット広告出稿の概要

ネット広告には、前述したように様々なタイプがあります。各タイプ別の広告の出稿手順については後述しますが、まずはネット広告の出稿の概要を解説していきましょう。基本的な出稿の流れなので、把握しておいてください。

全体的な出稿の流れに関しては、下の図を参照してください。各ステップについては、この後、段階的に解説していきます。

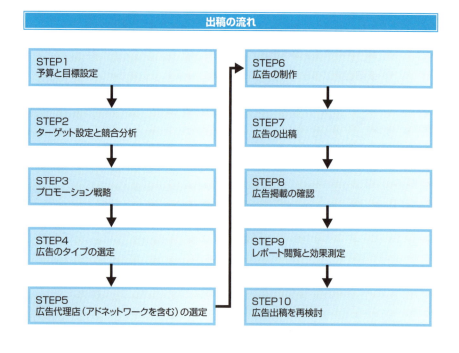

出稿の流れ

STEP1 予算と目標設定
STEP2 ターゲット設定と競合分析
STEP3 プロモーション戦略
STEP4 広告のタイプの選定
STEP5 広告代理店（アドネットワークを含む）の選定
STEP6 広告の制作
STEP7 広告の出稿
STEP8 広告掲載の確認
STEP9 レポート閲覧と効果測定
STEP10 広告出稿を再検討

5-1　ネット広告出稿前のプランニング

▶▶ STEP1 予算と目標設定

　広告を出稿する際には、予算と目標のバランスを考えることから始めた方がよいでしょう。広告出稿の予算を先に考え、ネット広告の種類別の出稿料金を参照して資料として保存しておきます。その後、出稿する広告で、どのような効果を得たいかが広告の目標となります。

　広告出稿の目標としては、大きく分けると3つほどのパターンがあります。

　まず1つ目は、**Webサイトのブランディング**です。Webサイト自体やWebサイトで販売している商品やサービスなどの認知度を上げて、ブランド認知を高めるブランディング手法です。

　2つ目は、単純にアクセス数をアップし、顧客を誘導して売上をアップさせる**ECサイト型の目標設定**です。

　3つ目は、商品を直接販売するのではなく、顧客の問い合わせや資料請求を目的とした**Webサイトへのアクセス増加**を計る手法です。この手法は、高額な商材のタイプやBtoBなどのパターンが多いでしょう。

　このように出稿の目的を考え、自社の広告予算と照合しつつ、広告の目標を選定していくのです。

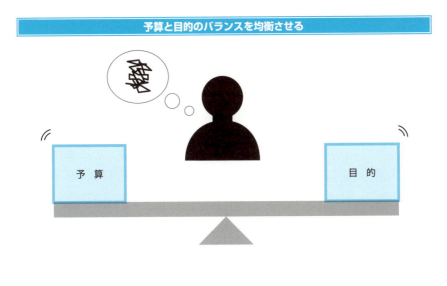

予算と目的のバランスを均衡させる

▶▶ STEP2 ターゲット設定と競合分析

　アドテクノロジーのターゲティング、そして重要性について解説してきましたが、広告出稿前にWebメディアや広告代理店がコンサルティングやツールで自動的にターゲティングをする前に、ある程度の目安となるターゲットを選定しなければなりません。自社の商品やサービスを購入してくれそうなセグメントや自社がアピールしたいセグメントをしっかりと見据えて、自ら基本的な**ターゲット設定**をしておきましょう。

　業態によって異なるとは思いますが、ターゲティングをしなければ、せっかく出稿した広告が無意味になってしまいます。自社の商品やサービスにマッチングした顧客層にきちんと広告を見てもらわなければならないのです。これは誰でもわかりそうなことですが、非常に重要なポイントです。

　広告出稿の際のセグメント（属性）設定ですが、大別すると2つのパターンに分かれると思われます。1つは、趣味や興味などの**顧客嗜好性**です。もう1つは、住んでいる地域や年齢、性別、学歴、年収などの**顧客属性**です。例えば、埼玉県南部で中古車店を営んでいる事業者がネット広告を出稿する場合は、どうしたらいいでしょうか？　顧客嗜好性と顧客属性のどちらで出稿を考えますか？

　販売している車種にもよりますが、「カスタムカーやパーツを販売している販売店」と「一般車を販売し、メンテナンスサービスをウリにしている販売店」とでは、同じ中古車販売業で埼玉県南部にあっても、大別するセグメントは異なります。

　前者は「顧客嗜好性」のセグメントに該当するでしょう。カスタムカーが好きな年齢層は広く、居住地域は日本全国に及びます。カスタムされた車に惚れ込んでいる顧客であれば、九州からでも買いに来るはずです。また、パーツも通販で購入する可能性もあります。

　一方、後者は、地域密着型の販売店であることがわかるはずです。一般車は全国どこでも手に入ります。わざわざ遠くから埼玉県南部に中古車を買いに来る人は少ないでしょう。また、一般車を購入する生活者であればメンテナンスサービスは、近所で受けたいと考えるのが生活者の心理です。この場合は、地域が限定された「顧客属性」の出稿パターンとなるわけです。

　この例を元に、図を作成してみました。同じ車のWebサイトでも後者のメンテナンスサービスをウリにしている販売店が、カスタムカーの改造をコンテンツにして

5-1 ネット広告出稿前のプランニング

いるWebサイトに出稿する意味はさほどありません。ある特定の地域に根付いたターゲティング広告こそ、出稿が効果的となるのです。この点がネット広告だけでなく、広告出稿の際の重要なポイントとなります。

ターゲティングと同時に競合分析もしておきましょう。SETP4で紹介する運用ツールなどで、競合分析も可能です。また、SNS活用などを含めたオムニチャネル戦略などもチェックし、ネット広告を含めた自社のプロモーション戦略に役立てるようにします。

「顧客嗜好性」と「顧客属性」のターゲティング

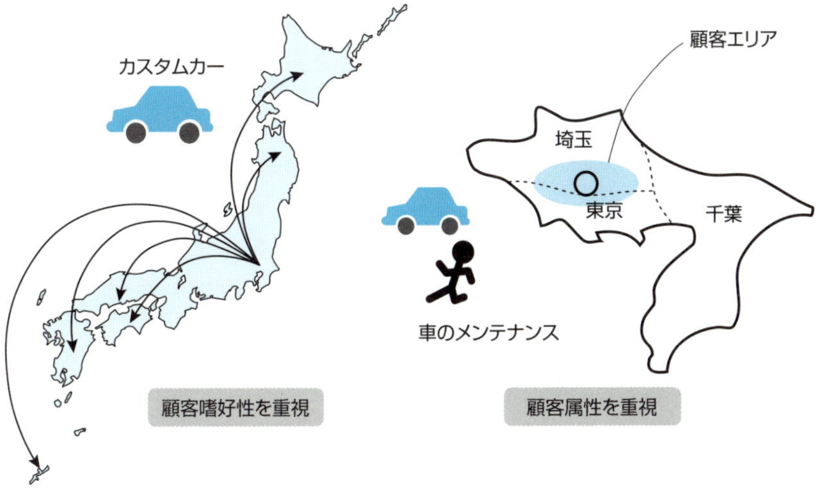

カスタムカー

顧客エリア

埼玉
東京
千葉

車のメンテナンス

顧客嗜好性を重視　　顧客属性を重視

5-1 ネット広告出稿前のプランニング

▶▶ STEP3 プロモーション戦略

　プロモーション戦略とは、Webマーケティングを含んだ戦略のことです。プロモーション戦略は、業態や広告予算などを考えて展開しなければなりませんが、結局は広告と相乗効果を上げるための手法を考えるわけです。

　また、広告から導入するサイトがトップページでいいのか、それともキャンペーン用に制作したサイトにアクセスさせるか否か、ランディングページの選定も重要になります。広告に興味を持ってアクセスしてきた顧客に、何をアピールするかによって異なってきますが、せっかくアクセスしてきた顧客を取り逃がすわけにはいきません。魅力的なサイトに顧客を誘導し、いかに認知度をアップさせるかが重要であり、購買等につなげなければならないのです。

　検索連動型広告の場合は、出稿している広告文のテキストとキーワード、リンク先のランディングページの内容も加味され、検索結果の順位に反映されます。この点が要注意であるのと、さらに認知度をアップさせるには、クチコミ戦略も重要です。TwitterやFacebookページなどのSNSの活用も視野に入れてプランニングしていくとよいでしょう。

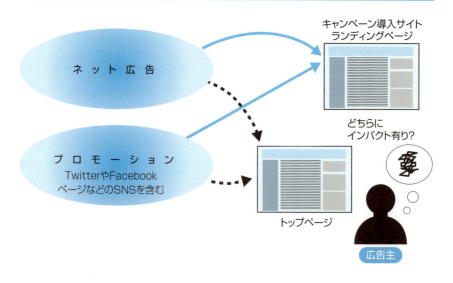

インパクトがあって、目的を達成できる購入ページを考察する

5-1 ネット広告出稿前のプランニング

▶▶ STEP4 広告タイプの選定

　出稿前には、ネット広告のタイプ、つまりバナー広告などのディスプレイ広告、もしくはメール型広告など、インターネットのどのような機能を使って広告を行うかを選択しなければいけません。しかし、広告対象のターゲット設定ができていれば、どのタイプの広告を出稿すればよいかが判断できるはずです。

　例えば、STEP2で登場したカスタムカーとパーツの販売店であれば、リスティング広告の検索連動型広告とコンテンツ連動型広告が最適でしょう。検索連動型広告では、「カスタムカー」「カーパーツ」などのキーワードで出稿します。そして、コンテンツ連動型広告では、カスタムカーに関するWebサイトへ自動的に出稿するパターンです。また、メール型広告全般も効果的でしょう。ディスプレイ広告の種類によっては、広告料金が高額となる問題もあるため、再考すべきといったところです。

　次は広告枠の選定ですが、コンテンツ連動型は配信されるWebメディアの運営者が、広告枠をWebサイト上に配置します。広告主はWebメディア上で表示される広告枠を位置を指定することはできません。プログラムによって、自動的にプレースメントで出稿します。自動プレースメントで成果があったWebサイトやページを指定して、手動プレースメントで出稿することも可能です。広告の位置は、オプションで少しは調整できるので、心配はありません。

　ここまで読んでいて、広告出稿も非常に面倒だということに気が付くはずです。それゆえ、次のSTEP5で登場する広告代理店やメディアレップに広告出稿をお願いする事業者の方も多いのですが、ネット広告はデジタルワールド。自らで広告出稿計画できる運用ツールが、アドネットワークなどから提供されています。

　例えば、Google Adowrodsから提供されている**キーワードプランナー**や**ディスプレイキャンペーンプランナー**という運用ツールがあります。読んで字のごとくで、前者が検索連動型広告の運用ツールです。そして、後者がディスプレイ広告用のツールです。

　次ページの画面がキーワードプランナーの管理画面です。WebサイトのURLや関連キーワードを入力すると、候補となるキーワードがリスト化され、上限クリック単価なども表示されます。

　ディスプレイキャンペーンプランナーは、キーワードプランナーのように単独で利用できず、ディスプレイキャンペーンの作成時に利用できるようになっています。

5-1 ネット広告出稿前のプランニング

キーワードプランナーの例

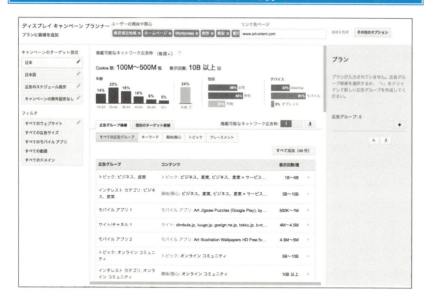

5-2 ネット広告を出稿する

ネット広告を出稿する前に予算やターゲットを決定したら、いよいよ出稿の手順に入ります。ネット広告の出稿には、広告代理店の選定から実際の出稿までのステップをこなさなくてはいけません。これらのステップを解説していきましょう。

▶▶ STEP5 ネット広告取引方法のの選定

　ネット広告の取引では、**広告代理店**がWebメディアと広告主を仲介する役目を担っています。また、大手ポータルサイトなどの広告では、**メディアレップ**（media representative）が仲介役になります。また、広告主が自らアドネットワークへ出稿することも可能です。

　広告代理店は、広告主の広告出稿の目的に応じて、出稿するメディアを選定するプランの立案、広告枠の空スペースの調査、さらに掲載が可能であるか否かを確認して、出稿するWebメディアに発注します。これが純広告の場合です。

　アドネットワークを活用して出稿する場合は、広告代理店に依頼するか、自らが出稿するパターンが考えられます。広告代理店に依頼する場合は、制作したバナー広告をアドネットワークへ入稿し、アドネットワークへ広告を配信します。アドエクスチェンジ、DSPを活用した出稿も同様の出稿方法です。

　広告主が自らアドネットワークへ出稿する流れも、広告代理店と同じです。例えば、Google広告のディスプレイネットワークへ出稿するパターンが考えられます。広告主自らが、広告代理店と同じ様な作業を行います。

　掲載後は、運用ツールを活用し、効果測定を行います。効果測定では、コンバージョンが高いなど、成果があった広告をピックアップしつつ、効果のない広告を見直し、場合によっては新規の広告に差し替えるなど、様々な施策を戦略を策定します。

　前述したように、Googleのディスプレイネットワークへ自動プレースメントで出稿していて、効果のあったWebメディアがあった場合、そのWebメディアを指定するなど、手動プレースメントで出稿することも含まれます。全方位的に効果測定を行っていきます。

　大手ポータルサイトなどへの出稿する場合は、各Webメディアのメディアレッ

5-2 ネット広告を出稿する

プ、もしくはメディアレップと契約のある広告代理店を選定しなければいけない場合もある点も覚えておきましょう。

後に解説しますが、検索連動型広告も、自分で出稿できることもあります。

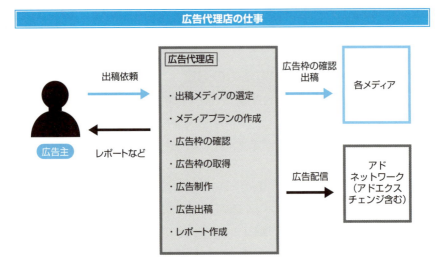

広告代理店の仕事

▶▶ STEP6 広告の制作

　広告代理店へ広告出稿を依頼してしまうと、広告主は作業を委託してしまった状態となりますが、念のためネット広告制作の作業上の注意点などをピックアップしていきましょう。

　まず、ネット広告制作に取り掛かる前に、制作する広告の企画を考えなければいけません。ただ単にテキスト広告を出稿するだけでも、ある程度の訴求ポイントを見つけて自社のWebサイトにアクセスを誘導したり、Webサイトや商品などのブランディングをしていかなければなりません。このように訴求のポイントをおさえて制作することを念頭に置きましょう。

　しかし、ネット広告には様々な種類があります。テキストの広告とバナー広告などでは、広告原稿規定であるレギュレーションが異なります。そのため、訴求ポイントを決定したら、各ネット広告の特性を把握し、統一性を各広告に持たせながら企

画・制作していかなければいけません。

　インターネット以外のメディアを活用して、大規模な広告展開をする場合は、そのほかのメディアとの統一性を考えましょう。インターネットだけで統一しても、そのほかのメディアとの統一性がなければ、効果がないからです。企画時には、これらの点を注意して広告企画を立案するといいでしょう。

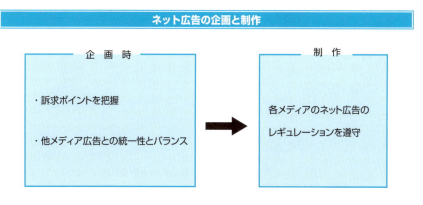

ネット広告の企画と制作

企画時
・訴求ポイントを把握
・他メディア広告との統一性とバランス

制作
各メディアのネット広告のレギュレーションを遵守

　次に制作のステップに入りますが、各ネット広告を出稿する際の広告出稿原稿規定、つまりレギュレーションを忠実に遵守して制作しなければなりません。各メディアによって、レギュレーションが異なることもありますが、出稿のレギュレーションに合わせて作成しなければ出稿できない場合もありえます。制作段階では、レギュレーションを確認し、しっかりと守るようにしましょう。

　レギュレーションの例を挙げておきますと、バナー広告には様々な種類があり、広告枠のサイズに合わせて作成します。バナー広告の種類は、3-2節で解説しています。また、バナー広告のレギュレーションサイズも解説しているので参考にしてください。

　また、低予算で出稿でき、テキスト広告の一種である検索連動型広告の場合は、文字数制限があります。最大文字数をチェックしてから、訴求性のある見出しを考えましょう。

5-2 ネット広告を出稿する

▶▶ STEP7 広告の出稿

　広告の出稿は、広告代理店へ依頼している場合は、広告代理店が広告を制作した後、広告主に確認を取り、Webメディアへ出稿します。

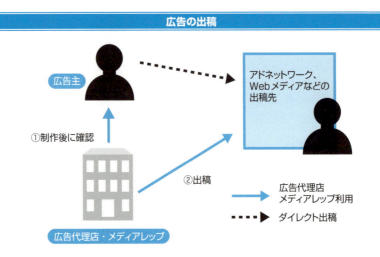

　なお、広告主も各メディアに出稿できますが、ここで覚えておきたいのが、各ネット広告によって出稿する方法が異なるということです。

　検索連動型広告やコンテンツ連動型広告は、Web上で広告主が簡単に出稿できるシステムが構築されています。また、出稿先のメディアによっては広告受付担当者に原稿をメールで送信したり、DVD-ROMやCD-ROMなどを利用して届けることもあります。どの出稿方法を採用するかは、出稿前に確認しておくといいでしょう。そして、出稿前には念には念を入れて、レギュレーションが間違っていないかを確認しましょう。

▶▶ STEP8 広告掲載の確認

　広告出稿が完了した純広告の場合は、広告掲載日から出稿した広告が指定された広告枠にちゃんと出稿されているか否かを確認します。広告代理店では、広告の表示されている画面をキャプチャーして広告主に報告する場合もあります。

　広告が出稿されていることを確認したら一安心といったところですが、広告掲載期間終了後も広告の掲載状況を確認しなければいけません。アドネットワークの場合は、ツールで出稿状況を確認が可能です。純広告も場合によっては、掲載しているメディアを確認した方がよいでしょう。例えば、広告掲載期間終了後にも引き続き広告が表示されていると、キャンペーンなどと銘打って出稿している場合には、生活者に悪いイメージを付けてしまうかもしれないからです。

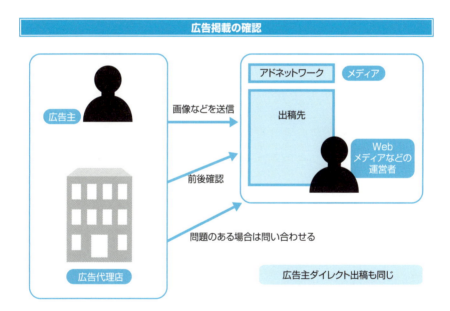

広告掲載の確認

　要するに、広告出稿期間の前後は、必ず広告掲載の状況を確認しなければならないということです。もし、仮に広告が誤った広告枠に出稿されていたり、期間終了後にも掲載されているようであれば、広告代理店や出稿先に確認をして、しっかりと処理をすることも必要です。

5-2 ネット広告を出稿する

▶▶ STEP9 レポート閲覧と効果測定

　広告掲載期間が終了すると、出稿先のWebメディアなどから取得したレポートが送られてくるのが通常のパターンです。これらのレポートの項目には、インプレッション数やクリック数などがありますが、成功報酬型の広告を出稿している場合は、売上個数から売上高なども掲載されたレポートとなります。

　ただし、このレポートだけでは、効果測定は難しい部分もあるため、後に解説する効果測定の計算式からも費用対効果を判断しなければいけません。レポートだけで、判断するのは危険です。

　下の図は、出稿後の効果測定の考え方です。出稿後のレポート、アクセスログ解析、広告出稿の効果測定計算式の3つのバランスを考えて、広告出稿の効果を測定するようにしましょう。効果測定計算式については、次節で解説します。

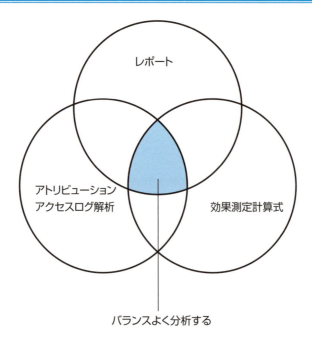

広告出稿後の効果測定の考え方

レポート

アトリビューション
アクセスログ解析

効果測定計算式

バランスよく分析する

▶▶ STEP10 広告出稿を再検討

　ここまで広告出稿の基本的な流れに沿って、広告出稿後の効果測定まで解説してきましたが、それらの結果を見て、どのような対応策を実行するかが、次回の広告出稿の課題となってきます。そこで再度、Webマーケティング戦略を練ることを考えなくてはいけません。

　Webサイトへの生活者のアクセスを増加させながら、Webサイトを運営していくには、以下のサイクルが基本になります。

①アクセス向上の広告出稿企画と各プロモーション
　⬇
②実践/運用（広告出稿）
　⬇
③効果測定
　⬇
④分析/再検討
　⬇
①アクセス向上の広告出稿企画と各プロモーション

　この基本サイクルで、広告出稿とプロモーションの見直しを主眼に置いて、分析していくことが重要といえるでしょう。

　これらはマネジメントのサイクルである**PDCAサイクル**、つまり「Plan-Do-Check-Act」をWebサイトの運営に置き換えたものです。これらを実行することで、Webサイトの運営と広告出稿のよしあしなど、アクセス数増加などの運営を客観的に分析できるのです。

　広告出稿とそのほかのプロモーションと合わせて、PDCAサイクルの要領で、Webサイトのトータル的なWebマーケティングを検証していくことが、Webサイト運営には欠かせない作業といえるでしょう。

5-2 ネット広告を出稿する

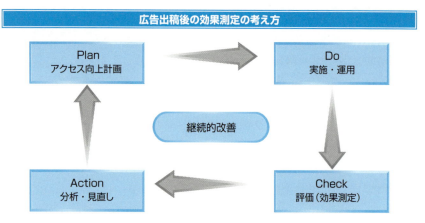

5-3 ネット広告の効果を測定するアトリビューション

アトリビューションは、ネット広告を含めたWebマーケティング全般のプランニングを俯瞰（ふかん）して、各施策を導線で確認しつつ、戦略立案をしていく手法です。アトリビューションもアドテクノロジーの1つですが、ここでは基本的な概要を解説しておきましょう。

▶▶ アトリビューションはネット広告の効果測定

アトリビューションという用語をはじめて耳にする方も多いと思いますので、まず意味から解説しておきましょう。アトリビューションは、もともと「帰属」「属性」という意味で、そこから「帰属や属性を関連付ける」というニュアンスになります。ネット広告では、広告が成果を挙げたか否かを分析する方法として、アトリビューションという用語を使います。

アトリビューションは、アクセスログ解析とは異なります。ネット広告を見て購入するという直接的なコンバージョンだけでなく、間接的なコンバージョンも含めて、コンバージョンに至る広告の成果を評価する分析手法です。ちなみに間接的なコンバージョンとは、ある生活者にアドネットワークで配信しているディスプレイ広告（バナー広告）が表示されたが、その時にはアクションがなかったものの、別のルートでコンバージョンがあったというパターンです。

例えば、生活者Aと生活者Bは、同じ広告をあるWebメディアで閲覧しました。生活者Aは、その広告をクリックして広告主のページへ直接アクセスし、コンバージョンに至りました。一方の生活者Bは、同じ広告を見たものの、そのままクリックせず、ほかのページなどに移動しましたが、その後、自ら検索エンジンで商品を検索してコンバージョンへ至ったというケースです。後者のような例は**ビュースルー・コンバージョン**といいます。

なぜ、検索エンジン経由で訪問した生活者が広告を見たか否かがわかるのでしょうか。それは、アドテクノロジーで解説したCookieから把握できるのです。アトリビューションは、アドテクノロジーの1つという点も覚えておきたいポイントです。

5-3 ネット広告の効果を測定するアトリビューション

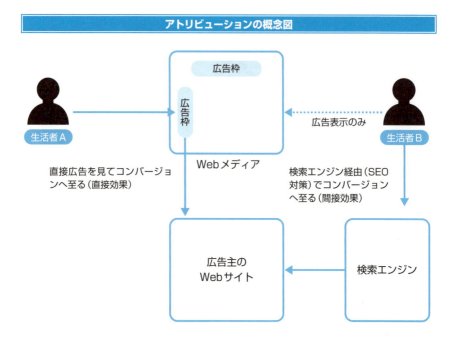

アトリビューションの概念図

▶▶ アトリビューションに至るまでの効果測定

　アドテクノロジーの進化によって、アトリビューションが登場するまでの経緯を考察してみると、以下の3つの時代に分類できます。

①純広告時代
　⬇
②アドネットワーク時代
　⬇
③3PAS時代

　アトリビューションが登場したのは3PAS（第三者配信）時代ですが、純広告時代には出稿している広告をクリックして、アクセスしてきた生活者の効果測定ができませんでした。
　例えば、WebメディアAに出稿している広告から2,000人のアクセス、そして

5-3 ネット広告の効果を測定するアトリビューション

WebメディアBから3000人というレベルの効果測定だったのです。

アドテクノロジーが進化してアドネットワーク時代になると、事態は少々変わります。ネット広告が表示された時にコンバージョンに至らなくても、その後にコンバージョンに至った**ビュースルー・コンバージョン**が計測可能になります。ただし、アドネットワークならではの同時広告配信に対応しておらず、Webメディア間の広告表示の重複などの問題がありました。また、コンバージョンに至った生活者がどのような経路を辿ったのかを判別するコンバージョンパスが不明確だったので、すべてを把握できず、様々な効果測定の分析ができませんでした。

やがて3PASが登場すると、アトリビューション分析が可能となります。コンバージョンに至る生活者の重複アカウントなどを判別して、効果測定できるアドテクノロジーだと解説しましたが、その機能がアトリビューションに活かされているのです。また、ネット広告だけでなく、SEO対策の効果なども測定できるため、広告だけでなく、アクセスログ解析ツールのような機能も持っています。アトリビューションは、ネット広告を含めたWebマーケティング施策を全方位的に効果測定できるツールなのです。

アトリビューションを活用するには、効果測定用のツールとして導入することが必要です。ネット広告の配信とセットにサービスを提供している場合もあります。

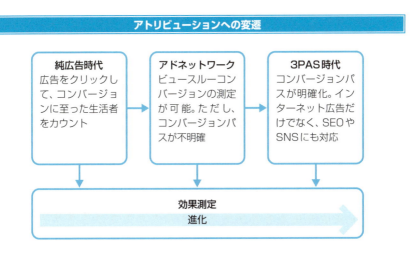

アトリビューションへの変遷

5-3 ネット広告の効果を測定するアトリビューション

▶▶ アトリビューションの知識を深める

　アトリビューションは、ネット広告を出稿した成果に対して、どの広告にコンバージョン効果があったのかだけでなく、コンバージョンパスを明確にすることで、ネット広告を含めたWebマーケティング戦略を立案することに役立ちます。

　戦略の立案には、コンバージョンに至った各生活者の導線を時系列で追跡する必要があります。ネット広告をビュースルーした生活者がコンバージョンに至った例を挙げましたが、アトリビューションの導線の追跡は、それだけで終わりません。3PASでのビュースルー評価のみならず検索連動型広告、そしてメール広告などの生活者のアクションも把握することが可能です。そして事例にもあった検索エンジンからの導線、オーガニック検索（自然検索ともいいます）、生活者の検索行動も把握もできます。さらに、TwitterなどのSNSからの流入などの導線も計測可能です。つまり、アトリビューションは、コンバージョンに対する要因や導線などの間接効果を分析できるのです。

　このように間接効果を分析することで、広告予算の配分などのWebマーケティングの施策と戦略を仮説を立てながらプランニングしていきます。そして、その戦略を実践し、さらにアトリビューションを分析して、改善策を見出し、さらにプランニングするというPDCAサイクルを実施します。

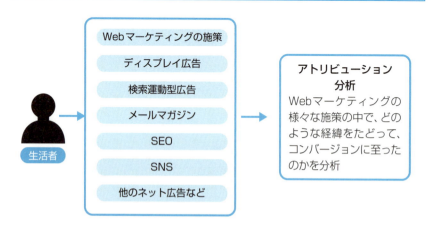

アトリビューション分析

5-3 ネット広告の効果を測定するアトリビューション

▶▶ アトリビューション分析とアクセスログ解析の違い

　アトリビューション分析の解説をしてきましたが、アクセスログ解析と何が違うのかと思っている方もいると思うので、補足して説明しておきましょう。

　例えば、ディスプレイ広告を見て、Webサイトへアクセスした生活者がTwitterのアカウントをフォローしたものの、その時点ではコンバージョンは発生しませんでした。次にTwitterを閲覧していて、メールマガジンを発行していることを知り、メールマガジン登録をしました。メールマガジンは週1回発行しており、その際にディスプレイ広告で出稿していた商品のお役立ち記事を配信したところ、その生活者はその記事を読んでコンバージョンに至りました。

　「ディスプレイ広告→Twitter→メルマガ→コンバージョン」というフローを辿っていますが、アクセスログ解析ではメールマガジンからのコンバージョンまでしか測定できません。しかし、アトリビューション分析では、「ディスプレイ広告→Twitter→メルマガ→コンバージョン」のフローをすべて把握しているのです。

　サッカーで例えれば、ディフェンダーのA選手（ディスプレイ広告）がボール（客）をキャッチ、ミッドフィルダーのB選手（Twitter）へパス。そして、B選手（Twitter）がコーナーからフォワードのC選手（メールマガジン）へセンタリングし、C選手（メールマガジン）がゴールさせた状態です。

　3選手の動きとパスでゴールに至ったため、ゴールの「成果」だけでなく、ゴールの要因となったアシストもチーム監督であれば、もれなく評価するはずです。アトリビューションは、このような動きを把握して、施策それぞれが選手となり、得点を挙げるチームメンバーを選択するための情報を与える役割を担っているのです。

サッカーで考えるアトリビューション

5-3 ネット広告の効果を測定するアトリビューション

▶▶ 広告などの予算を考えるためのアトリビューション5つのモデル

　アトリビューションによって、様々な施策の中でどのような経緯を辿ってコンバージョンに至ったのかを把握し、予算配分などのWebマーケティングのプランニングを考えられます。このアトリビューションには、5つモデルがあると考えられています。

　1つ目のモデルが、**Last Interaction model（終点モデル）**です。最後のコンタクトポイントだけをコンバージョンの主要因と考えます。前出のサッカーでいうと、Cが相手からボールを奪ってゴール。メールマガジンが生活者の気持ちを掴んだだけの効果となります。顧客となっている生活者に訴求するためのモデルといえます。

　そして、2つ目のモデルが、**First Interaction model（起点モデル）**といい、最初の最初のコンタクトポイントだけをコンバージョンの要因とします。サッカーの例でいえば、ディフェンダーのディスプレイ広告が該当し、この広告がコンバージョンの要因であると捉えます。潜在的な生活者に認知度を高めるブランディング、キャンペーンやイベント告知など際立つ広告でインパクトを与えて顧客獲得するモデルです。

　3つの目のモデルは**Linear model（線形モデル）**といい、すべてのコンタクトポイントを均等に評価する方法です。つまり、「ディスプレイ広告→Twitter→メルマガ→コンバージョン」という流れのすべてを平等に評価します。アトリビューション分析の中でも、容易に分析できる手法といわれています。

　Time decay model（減衰モデル）が4つ目のモデルとなります。コンバージョンに近いタッチポイントをより高く評価するモデルです。「Last Interaction model（終点モデル）」と異なり、最後のメルマガだけを評価するのではなく、「ディスプレイ広告→Twitter→メルマガ」という順に評価を高める方法です。キャンペーン商戦などに役立つといわれています。

　最後は**Position Based model（接点ベースモデル）**です。最初に顧客とコンタクトポイントを持ち、認知させます。次に途中の中間地点で対話や情報流布があり、最後に購買の決め手となる情報を与えて、コンバージョンへ至ると考えます。すると認知させ、意思決定をさせたコンタクトポイントである最初と最後の評価が高いと考える手法です。

　これらのモデルは、アトリビューションの統計をとって、どのコンタクトポイントが効果が合ったかを測定してから、仮説を立案する時に役立ちます。また過去のア

5-3 ネット広告の効果を測定するアトリビューション

クセスログ解析のコンバージョンランキングから、Time decay model（減衰モデル）で仮説を立てて、戦略立案をするのも手です。様々な考え方を試してみるのもよいでしょう。

アトリビューションモデル

1 Last Interaction model（終点モデル）
最後のタッチポイントだけを成果の要因とする

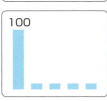

2 First Interaction model（起点モデル）
最初のタッチポイントだけを成果の要因とする

3 Linear model（線形モデル）
すべてのタッチポイントを均等に成果の要因とする

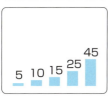

4 Time Decay model（減衰モデル）
コンバージョンに近いタッチポイントをより重く成果の要因とする

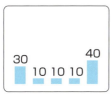

5 Position Based model（接点ベースモデル）
最初、途中、最後のタッチポイントの重みを変えて成果の要因とする

出典 ネット広告ガイド、オオタ ケンジ「アトリビューションとは（後編）」
URL http://trend.netadguide.yahoo.co.jp/column/205/0223/1/

5-4 おさえておきたいアクセスログ解析の基本

アトリビューションが登場し、これから主流になっていくと思われます。しかし、予算などの関係上、アトリビューションが導入できない事業者の方もいると思いますので、アクセスログ解析の基本的な考え方と技術を紹介しておきましょう。

▶▶ 無料で利用できるオススメのGoogle Analytics

　生活者のコンバージョンに至るまでの導線は、アクセスログ解析と呼ばれるツールでは解析できません。前節でサッカーを例に上げましたが、「ゴール＝コンバージョン」と考えると、そのゴールの要因となった施策しか計測できないのです。

　ただし、アクセスログ解析ツールで有名な **Google Analytics** では、アトリビューション機能も2013年に追加されました。無料で利用できるのでオススメのアクセスログ解析ツール、そしてアトリビューションツールといえます。後述するWebビーコン型のアクセスログ解析ツールであるGoogle Analyticsは、利用登録後に各Webサイトごとに割り振られる専用のHTMLタグをWebサイトへ貼り付けるだけなので、作業も簡単です。アクセスログのレポートも翌日から表示されるようになります。また、1つのGoogle Analyticsアカウントで、複数のドメインも管理できるので、この上もなく便利だといえます。

　導入や管理面だけでなく、機能面を簡単に解説しておきましょう。まず対応端末ですが、PCやフィーチャーフォンだけでなく、スマホやタブレットでのアクセスも計測します。そして、SNSからのアクセスなども分析します。

　そのほかの機能としては、生活者の属性の確認、Google Adwordsへの出稿に関するレポート分析、そして検索エンジン最適化であるSEO対策の分析なども可能です。それぞれ詳細なデータ集計が成されているため、非常に役立ちます。

　ここでGoogle Analyticsを紹介したのは、多くの企業で利用されているからです。無料でデータが詳細に表示されるためですが、中には有料の解析ツールを活用している企業も少なくありません。予算に応じて導入を検討しましょう。

5-4 おさえておきたいアクセスログ解析の基本

Google Analyticsのホーム画面

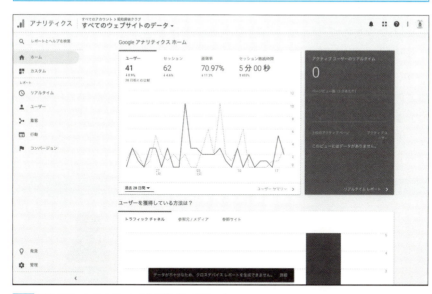

URL http://www.google.com/intl/ja/analytics/

ランディングページの解析

Google広告だけでなく、アドエクスチェンジなども登録し、効果測定することができる

▶▶ アクセスログ解析ソフトの種類

アクセスログ解析ソフトには、大きく分けて、「アクセス解析型」、「Webビーコン型」、「パケットキャプチャリング型」の3種類あります。

各アクセスログ解析ソフトの仕組みを、それぞれ図を使って解説します。

●アクセス解析型

アクセス解析型は、専用ツールで自社もしくはレンタルサーバーのログファイルを視覚的に見やすい情報に変換するログ解析方法です。

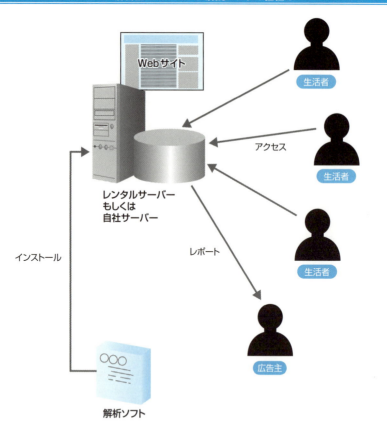

アクセス解析型アクセスログ解説ソフトの仕組み

5-4 おさえておきたいアクセスログ解析の基本

●Webビーコン型

Webビーコン型は、アクセスログ解析をしたいWebページのHTMLファイルにHTMLタグやスクリプトを埋め込み、ページへリクエストがあるたびに、アクセス情報が解析サーバーに蓄積されるタイプです。

アクセス解析の結果はASPのサービスとして提供され、ASP専用のWebページで見られるようになっています。Google Analyticsのタイプです。

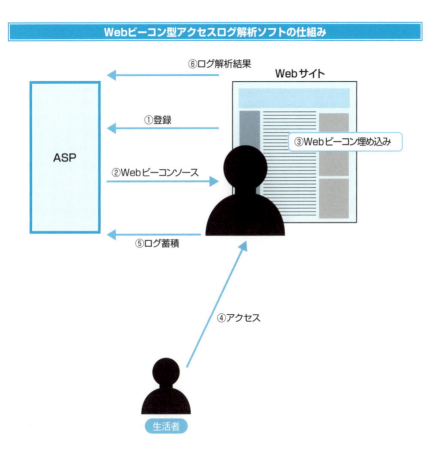

Webビーコン型アクセスログ解析ソフトの仕組み

5-4 おさえておきたいアクセスログ解析の基本

●パケットキャプチャリング型

パケットキャプチャリング型では、Webサーバーに入る手前でパケットデータを直接入手し、ハードウェアでフィルタリングし、データをリアルタイムに加工して解析サーバーへ送り、その解析の結果をソフトウェアで見ることができます。アクセスログの解析手法にも即しているので、充分な効果が上げられるはずです。

優れた機能を持っているので非常に驚く部分もあり、有効なツールだと思われます。アクセスログ解析をリアルタイムに解析でき、詳細を解析できますが、社内で独自にWebサーバーを管理している場合に導入できます。

パケットキャプチャリング型アクセスログ解析ソフトの仕組み

アクセスログ解析ソフトのメリットとデメリット

	アクセス解析型	Webビーコン型	パケットキャプチャリング型
メリット	データベースを利用して大量のログを解析できるため、分析項目が多く、汎用性が高い。規模に関わらず導入できる	導入が簡単で、ほかの解析方法では解析しにくいページなどもリアルタイム解析	分散したWebサーバーも、自在にリアルタイム解析でき、解析しにくい自動生成ページなども解析できる
デメリット	解析時間が長く、分析できる項目が多いので、分析するのに時間がかかる。初心者にわかりづらい	すべてのページにWebビーコンを埋め込まなければならない。解析サーバーの負荷が高く、中小規模サイト向け	導入コストや運用コストが最も高いため、中小サイトよりも大規模サイト向け

5-4 おさえておきたいアクセスログ解析の基本

▶▶ アクセスログから読み取るネット広告の期待効果

アクセスログ解析では、Webマーケティング全般の施策の効果測定が可能ですが、ネット広告の期待効果でも、計測できるものとできないものがあります。それらを3つの分類して紹介しましょう。

●インプレッション効果（数値のみ）

ネット広告を出稿し、その広告を見た生活者に商品や企業のブランドイメージを植え付けられます。インプレッション数が高ければ、それなりの効果を得られますが、実際に見ただけで広告主のWebサイト訪問やコンバージョンへは至っていません。

●トラフィック効果（広告レポートおよびアクセスログ解析）

生活者がネット広告をクリックすると、リンクされた広告主のWebサイトへアクセスされるケースです。インプレッション効果よりも生活者へのイメージ定着を図るため、より深く認知してもらえます。後述するCTR（クリックスルー率）でネット広告のインプレッション数あたりのクリック数や、クリック単価を計算するCPC（クリックあたり単価）でクリックあたりの広告コストを評価できます。

●レスポンス効果（広告レポートおよびアクセスログ解析）

ネット広告を見た生活者が広告主のWebサイトへアクセスするだけでなく、資料請求や申し込み、商品購入を行うコンバージョンへ至るケースです。前述したコンバージョン率に加え、顧客獲得単価を計算するCPA（顧客獲得単価）で、件の成果の獲得に要した費用の単価を計算します。これら計算式も後に解説します。

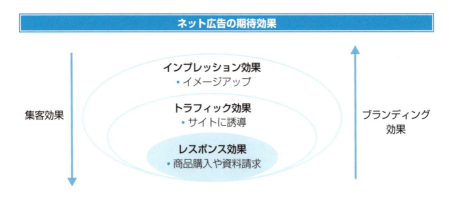

▶▶ アクセス分析ソフト導入後のアクセス生活者動向の観測

　アクセス分析は、導入後の分析が一番重要です。月次や週次など、まとまった期間でのアクセスレポートを見て解析を行います。定期的にアクセスログのレポートを収集することが重要なのです。

　定期的なレポートをまとめる方策などを解説していきましょう。

●週間レポートの作成

　定期的なレポートをまとめる単位として、1週間分の週間レポートがあります。週に1度、日ごとのレポートをまとめるとともに、1週分のレポートをまとめます。

　1週間という短期的なアクセスレポートですので、売上やサービス利用状況をチェックするよりも、アクセスに変動はないか、どこからアクセスがあったかなど、以下の項目を観測するといいでしょう。

　　①新たな被リンク探し
　　②アクセス数の動向
　　③自社Webページの閲覧数増減

●月次レポートの作成

　週間レポートの次は、月次レポートです。Webサイトをオープンしてから、月ごとのアクセスをまとめた月次レポートを作成して、前月との比較はもちろん、過去

5-4 おさえておきたいアクセスログ解析の基本

の傾向を分析していきます。アクセスログ解析ソフトでも可能ですが、低価格や無料のソフトでアクセスログを分析していると、まとめられない場合があります。自社内でExcelなどの表計算ソフトを使ってレポートを作成していくとよいでしょう。

アクセスログ解析ソフトには、様々なデータが掲載されていますが、初心者の方は下記の基本的な項目から分析していくといいでしょう。

①月ごとのアクセス数と売上の推移
②問い合わせ数
③トップページのアクセス数
④その他のページアクセス数
⑤検索キーワードでのアクセス数
⑥平均ページ閲覧数
⑦サイト滞在時間
⑧プロモーション効果

▶▶ プロモーションの効果をアクセスログで分析

例えば、ある商品の特売を「http://art-orient.com/prom/」というECサイトでキャンペーンを実施するとします。しかし、ネット広告はまだしも、メールマガジンなどで告知などを行った場合、どのプロモーションが商品の販売に効果があったのかは、アクセスログ解析ソフトでは測定ができません。アクセスログでは、「http://art-orient.com/prom/」へのアクセス数しか表示されないからです。

このような場合、アクセスログ解析ソフト対策として、各プロモーションに掲載するリンクに引数を付けたアドレスを記載します。

例えば、URLに引数を加えると、ネット広告の場合、URLが「http://www.art-orient.com/prom/?itad＝1」となります。そして、ブログでのプロモーションを「http://www.art-orient.com/prom/?blog＝1」とします。この「?itad＝1」や「?blog＝1」が引数となり、そのままアクセスログに反映されるわけです。

引数を入れることで、プロモーションごとにアクセスログにカウントされますが、リンク先は「http://art-orient.com/prom/」のままで、生活者にはこのリンク先しか表示されません。Webメディアの運営者だけが、引数を見て、アクセスログを

5-4　おさえておきたいアクセスログ解析の基本

解析できます。Twitterでは、140文字の短縮URLを作成しなければいけませんが、短縮URLを作成する前に引数を入れておけば、どのTwitterの投稿に効果があったかも測定も可能です。

また、引数である「？blog＝1」の末尾の数字を変更することで、ブログでのプロモーション回数での効果を測定できるほか、「itad」「blog」だけでなく、「mlma」などのアクセスログの整理・分析が簡単になる引数を付けることもできます。

なお、引数の始めには、必ず「？」を付けることが必須なので覚えておきましょう。

プロモーションで必要な引数

http://www.art-orient.com/prom/?blog=1

← プロモーションごとの引数

リンクに引数を入れても通常のアドレスにアクセスする

5-5
ネット広告での効果測定指標

　ネット広告を出稿後、効果があったのか否かが気になるところです。アトリビューションを導入していなければ、トータル的な効果測定はネット広告の出稿先からのレポート、そして自らのアクセスログ解析を活用します。そして、本節で解説する「広告出稿の効果測定指標」を活用して効果を測定を実施することになります。

▶▶ 誰でも手軽にできる効果測定の計算式

　ネット広告の効果を測定する計算式は、複数あります。すべてを紹介してもよいのですが、役立たないと思われる計算式も含まれていますので、役立つ計算式のみをピックアップして解説していきましょう。

　ネット広告出稿後には、レポートとアクセスログと合わせて、これらの計算式を活用するようにしてみてください。

●CPA（顧客獲得単価）

　CPAと検索エンジンで検索すると、様々な意味がでてきますが、「Cost Per Acquisition」の略が、ここでいうCPAです。日本語では**顧客獲得単価**と呼ばれており、顧客を1人獲得するために必要としたコストを計算するものです。

　例えば、メールマガジンの登録を促す広告に、広告費を10万円で出稿したとします。そして、この広告の結果、登録した顧客の数が20人だったとすると、CPAは5,000円となるわけです。計算される額が小さければ、CPAの効果があったことになります。これを購入した人に変えると、成約1件にかかる費用になり、CPO（Cost Per Order）という計算式も成り立つことを覚えておきましょう。

> **計算式**
> 広告費 ÷ 獲得顧客数 ＝ CPA ← 単価が低いと良い

●CPC（クリックあたり単価）

　CPCは、「Cost Per Click」の略です。日本語にすると、**クリックあたり単価**とい

5-5 ネット広告での効果測定指標

うことになるでしょう。

　例えば、メールマガジンに広告を出稿したとしましょう。広告費は10万円でした。これが配信されて、プロモーションの引数をアクセスログ解析で効果測定したところ、100人がクリックしていました。すると、この場合のCPCは、1,000円ということになります。クリックに対する費用対効果の考え方です。

> **計算式**
> 広告費 ÷ クリック数 ＝ CPC ← 単価が低いと良い

●CTR（クリックスルー率）

　CTRは、「Click Through Rate」の略です。ネット広告を出稿したページにおいて、出稿した広告の表示回数を示すインプレッション数の内、何回広告がクリックされたか否かを表す割合を示しています。CTR指標が高ければ高いほど、効果のあった広告だといえるのです。自然検索の結果でも同様のことがいえます。

　バナー広告やメール広告、テキスト広告などを出稿した際に利用する計算式ですが、一般的にCTR指標が高いネット広告は、メール広告とテキスト広告であるといわれています。

> **計算式**
> インプレッション数 ÷ クリック数 ＝ CTR ← 率が高いと良い

●CVR（コンバージョン率）

　CVRは「Conversion Rate」の略で、**コンバージョン率**、あるいは**コンバージョンレート**と呼ばれます。コンバージョンとは「転換」という意味ですが、広告を出稿してどれだけのリターンが広告費に対してあったかを計算します。つまり、広告をクリックした生活者が実際に顧客になる割合のことをいいます。

　例えば、ある商品の広告を出稿した場合、その広告が3000回クリックされたとします。そのうち30名が購入した場合のCVRは1.0％となります。広告費に対して、購入による利益がどれだけあったかも計算できます。

> **計算式**
> 購入者数 ÷ 広告クリック数 ＝ CVR ← 率が高いと良い

● CPM（1000回広告が表示されるための単価）

　CPMは「Cost Per Mil」の略です。Milは「1000」を意味するラテン語「mille」を表していて、**1,000回広告が表示されるための単価**ということになります。

　例えば、計算の仕方としては、1回の出稿料金が10万円の純広告やアドネットワークなどで、5万人表示されたとします。すると次の計算式を当てはめると、CPMは2,000円ということになります。1,000回広告が表示されるには、2,000円のコストが必要という計算です。

> **計算式**
> 広告費 ÷ インプレッション数 × 1000 ＝ CPM

● eCPM（1000回広告が表示されるための単価）

　インプレッション課金でないネット広告、検索連動型広告などのクリック課金型の広告など、CPM換算できないものをCPM換算する計算式を**eCPM**（effective Cost Per Mill）といいます。クリックごとに課金させる広告をインプレッション数では、コストがどれだけかかるかを測定する指標です。計算式はCPMと同じですが、インプレッション課金ではない広告のCPMがeCPMです。

　例えば、クリック単価であるCPC50円の広告で、表示1,000回のうち20回クリックされた場合、50円×20回＝1000円となり、eCPMは1000円となります。ちなみに、ここでのCTRが2%となります。

> **計算式**
> クリック単価 × 表示1,000回のクリック回数 ＝ eCPM

● ROAS（広告費1円あたりの売上）

　ROASは「Rerurn On Advertising Spend」の略です。ネット広告を出稿して、広告から発生した売上を広告費用で割った数値で、広告費用対効果がわかります。

5-5　ネット広告での効果測定指標

広告費が10万円で、売上が300万円であれば、「300万円÷10万円×100」で算出すると、「3000%」になります。広告費1円あたり30円の売上になったという意味です。

> **計算式**
> 売上額 ÷ 広告費 × 100（%）＝ ROAS ← 率が高いと良い

● ROI（投資収益率）

ROIは「Return On Investment」の略で、前述したように投資したコストに対して得られる利益の割合を示すものです。日本語では**投資収益率**といい、費用対効果を表す指標と覚えておくとよいでしょう。ネット広告に投下した費用で得られた効果を計算します。Webサイトであれば、構築コストから運営コストに対して、実際の成果や企業の利益にどのように反映しているかを示す指標となります。計算式の売上額は、「コンバージョン数×平均利益単価」です。

> **計算式**
> （売上額 − 広告費*） ÷ 広告費 × 100 ＝ ROI ← 率が高いと良い

　CVRやCPMなどは、広告費の計算式でした。一方、ROASとROIはビジネスの評価指数になり、広告などのキャンペーンが成功したか否かを判断することができます。

　例えば、売上額が100万円で広告費が10万円だった場合、ROASの場合は1000%となり、単純計算で広告費1円あたり10円の売上があった計算になります。一方、ROIの場合は、売上額100万円から広告費の10万円を差し引き、さらに広告費10万円で割ります。結果、900%となり、広告費1円に対し、9円の利益があったこととなります。

　ここで理解しておきたいのが、ROASは売上額のみで計算していますが、ROIは売上額から広告コストを差し引いて計算しています。ROIの方が、効果測定を明確に表示しています。ROASは広告運用に対する売上を表す指標、ROIは広告費の投資に対しての利益を知ることができる指標という点を理解しておきましょう。

＊**広告費**　Webサイトの場合はコスト。

●CPV（広告視聴1回あたりのコスト）

CPVは「Cost Per View」の略です。動画広告の広告視聴単価で使用される指標で、**広告視聴1回あたりのコスト**をいいます。バナー広告などの場合は、クリックして目的となるリンク先へ誘導することが広告の狙いです。そのため、解説したようなクリックあたりコストを計算するCPCや1000回のインプレッション数でコスト計算するCPMなどを指標としていました。

しかし、動画広告の場合は、広告で配信される動画を見てもらうことが目的であるため、CPCやCMPでは計測できません。そのため、出稿先で動画が再生された際に発生するコストと考えるのです。出稿しているWebメディアでCPVの発生定義が異なり、動画広告がすべて再生された場合に課金されたり、再生秒数に応じてCPVを計算する場合もあります。

> **計算式**
> 広告費 ÷ 再生回数 ＝ CPV ← コストが低いと良い

●CPI（アプリ1ダウンロードのコスト）

CPIには、「Cost Per Install」と「Cost Per Inquiry」の2種類の意味合いがあります。前者はスマホの無料アプリ内の広告からやアプリのダウンロード、もしくはインストールされた1件の獲得単価です。後者も計算式は同じなのですが、インストールなどが問い合わせ）として、消費者からの問い合わせを1件獲得するためにどれだけのコストがかかっているかという意味で、計算されます。

> **計算式**
> インストール数（問い合わせ件数）÷ 広告費用総額 ＝ CPI ← コストが低いと良い

●リーチ

広告をどれだけの人が見たのかという意味で使われます。もっといえば、広告を重複しないように、どれだけの人々に見てもらえたかという意味です。全インターネット生活者の30％へリーチしたという場合などに利用されます。ネット広告だけでなく、ほかの広告でも利用される用語です。

5-5 ネット広告での効果測定指標

●CPE（エンゲージメント1件の獲得コスト）

CPEは「Cost Per Engagement」の略で、エンゲージメントを1件獲得するコストの計算式です。**エンゲージメント**とは商品、ブランド、そしてコンテンツなどに対する消費者の積極的な関与や行動で関わりを持ち、そのブランドの広報に役立つアクションをいいます。「エンゲージメント広告」ともいわれ、Google、そしてSNS関連のTwitter広告にも利用されています。

Twitterであれば、広告を出稿して、その広告を見た生活者が面白いと思い、友だちへリツイートした場合にエンゲージメントが発生したことになります。そして、この1回のリツイートのアクションに対するコストがCPEの計算式で導かれるわけです。

> **計算式**
> エンゲージメント数 ÷ 広告費用総額 ＝ CPE ← コストが低いと良い

●CPF（フォロワー1件の獲得コスト）

Twitter広告でも解説しましたが、**CPF（フォロワー1件の獲得コスト）**という計算式もあります。CPFは「Cost Per Follow」の略で、フォロワーを1人獲得するまでのコストです。

> **計算式**
> フォロワー獲得数 ÷ 広告費用総額 ＝ CPF ← コストが低いと良い

このように、SNSでの広告でも効果測定方法があることも覚えておきましょう。

5-6 アクセスログ解析で覚えておきたい用語

アクセスログ解析で知っておきたい必須の用語を解説しておきましょう。アクセスログ解析ツールによって特有の用語もありますが、ここでは一般的なアクセスログ解析用語を解説していきます。

▶▶ 知っておけば役に立つアクセスログ解析用語

初心者の方がアクセスログ解析ツールの導入後にビックリするのは、グラフと表、そして数値に加えて、意味不明な用語がたくさんあることです。それも1つや2つではありません。わからない用語ばかりが目に入ってきます。ある程度、英語が理解できたりすると少しは違うようですが、日本語でも理解できるものとできないものがあります。そこで、よく利用されているアクセスログ解析用語をピックアップして解説していきます。

●PV（ページビュー）

PVは「Page View」の略で、Webサイトのページが見られた数です。「アクセス数」ともいわれますが、訪問者が同じページを複数回見てもカウントされます。またページをリロードしてもカウントされる仕組みです。

●UU（ユニークユーザー）

UUは「Unique User」の略です。面白い人という意味ではなく、Webサイトへアクセスしてきた生活者の実数です。複数回、同じ生活者がアクセスしてきても1回しかカウントされません。アクセスログ解析の方法でも解説した期間などで集計します。

●セッション

アクセスしてきた生活者が、Webサイトのアクセス時からWebサイトから離脱するまで一連の動向をまとめたものです。アクセスログ解析ソフトによって異なり

5-6 アクセスログ解析で覚えておきたい用語

ますが、再びアクセスしてきた生活者に対しては、30分ほど間隔を開けると、新たなセッションが始まります。

●新規セッション率

設定されたレポートの期間内に、Webサイトへ新規アクセスしてきた生活者の割合を表します。

●リピートセッション数

設定されたレポートの期間内に、Webサイトへ2度以上アクセスしたユニーク生活者の数から割合を出します。

●リファラー

Webサイト上にあるページのリンクをクリックして別のページに移動した時の、リンク元のページのことをいいます。また、外部のWebサイトからのリンクのことも示します。リファラーにより、Webサイト内での生活者の動向がわかります。

●ノーリファラー

そのページにアクセスさせた元のページがない場合、ノーリファラーとしてカウントされます。お気に入りや、URLの直接入力などで、Webサイトへアクセスしてきた場合にカウントされます。

●直帰率

Webサイトにアクセスした生活者が、1度もページ内を移動しないでWebサイトを離脱した数を**直帰数**といいます。そしてWebサイトページのPVで割った数値を、**直帰率**といいます。検索エンジンでアクセスしたものの、有益な情報がなく離脱する場合などは直帰数に数えられます。直帰率が高い場合は、コンテンツの改善などが必要です。

> **計算式**
> 直帰数 ÷ WebサイトのPV ＝ 直帰率

●離脱率

コンバージョンとなる手前のページ、つまり資料請求ページや購入ページの入力フォームへアクセスがあったものの、コンバージョンに至らず、ほかのページへの移動など、Webサイト離脱などのアクションをしてしまった割合です。こちらもコンテンツ改善の要素になります。

●サンクスページ

コンバージョンへ至った際に表示されるページのことをサンクスページといいます。例えば、資料請求のフォーム入力と確認後に「資料請求ありがとうございました」と表示されるページです。サンクスページにコンバージョン用のタグを設置することで、コンバージョンが計測されます。

5-7 知っておきたい その他のマーケティング知識

アドテクノロジーについて、様々な技術を解説してきましたが、これらの知識に加えて、知っておきたいマーケティング手法などの用語を解説しておきましょう。アドテクノロジーと絡めたマーケティング発想の基礎知識ともなりますので、概要を把握できるように解説していきましょう。

▶▶ 顧客と接点を持つためのオムニチャネル

オムニチャネルは、アメリカの百貨店「Macy's（メイシーズ）」が2011年に発表したマーケティング手法です。

Macy'sでは、EC市場の成長によって、顧客が伸び悩んでいました。そこで、店舗と自社ECサイトの区別をなくし、在庫や顧客情報を一元化させ、顧客ニーズの取りこぼしをなくすことを考えました。

顧客との接点は、店舗やECサイトだけではありません。SNSイベントなどあらゆる場所で接点を持とうとし、要するに顧客との接点をチャネルと捉えて、すべて統括管理するためことを目的としています。

管理するデータは、商品情報、在庫情報、顧客情報、接客履歴はもちろん、ECサイトでの商品閲覧履歴、過去の購入履歴、ポイント履歴、中にはSNSのアカウントなども含まれます。

すべての情報を統合し、社内の関係者すべてがこれらの情報を閲覧できるようにすることで、チャネルを連携させたマーケティング戦略を立案、分析することができます。

「Attention（注意）→Interest（関心）→Desire（欲求）→Memory（記憶）→Action（行動）」の消費者心理のプロセスを表した**AIDMAの法則**で考えてみましょう。

SNSへ気になる情報を流布し、消費者が関心を持ち、その後、欲しいという欲求に変わり、店舗で実物を確認しようと記憶、そして来店して購買というアクションに至るまでを各チャネルで、集計したデータを一元化するのです。

5-7 知っておきたいその他のマーケティング知識

　ゴールとなるのは、店舗やECサイトでの購買ですが、注意喚起から関心を持ち、どのチャネルでもお客さんをフォローするというのも狙いです。

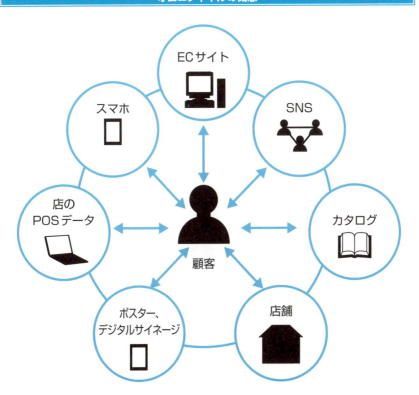

オムニチャネルの概念

様々なメディアやデバイスから、
顧客へ情報伝達が可能な状況を創り出す

5-7 知っておきたいその他のマーケティング知識

オムニチャネルの購買までの経緯例

```
Attention（注意）
SNSなどで商品情報を顧客に流布して注意喚起
```

```
Interest（関心）
SNSなどの情報で興味を持つ
```

```
Desire（欲求）、Memory（記憶）
商品が欲しいと思い、カタログや移動中にスマホなどで確認。商品の詳細を調べる
```

```
Action（行動）
店舗やECサイトへ購買行動へとつながる
```

▶▶ オプトインとオプトアウトの基礎知識

　オプトアウトとオプトインについて、1-7節でも簡単に解説しましたが、オムニチャネル戦略でメールマガジンを活用したマーケティング戦略にも役立つので、解説しておきましょう。

　オプトインは「opt in」、**オプトアウト**は「opt out」と英語でそれぞれ記述します。「opt」には「選ぶ」の意味があり、「in」で参加、そして「out」で不参加という意味になります。よって、オプトインであれば、メールマガジンを購読するということになり、オプトアウトはメールマガジンが不要ということになります。

　メールでの顧客との関係で、「オプトイン」の場合は、顧客である受信者が、メールを送信する事業者に対して、事前に許可を与える、もしくは読みたいので送信してくださいと依頼する仕組みです。メールの受信者である顧客の依頼があって、初めてメールを送信する仕組みです。

　一方、オプトアウトの場合は、事業者である送信者は自由にメールを送信できます。そして、不快に思う受信者が、メールは不要という場合に、受信拒否となるオプトアウトをする仕組みです。最初に自由にメールを送信できる点が、オプトインと

5-7 知っておきたいその他のマーケティング知識

異なるのです。

　前述したように、日本では「特定電子メール」によって、オプトインでメール送信することが義務付けられています。オプトインとオプトアウト、そして電子メール規制法をセットで覚えておきましょう。

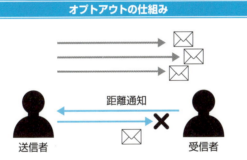

索引
INDEX

■ 数字・アルファベット

1000回広告が表示されるための単価 ･･･ 235
3PAS ･･････････････････････････････ 98
AAAA ･･････････････････････････････ 46
AIDMA ･･･････････････････････････ 242
AISAS ････････････････････････････ 139
ASP ･･････････････････････････････ 148
CGM ･･････････････････････････ 63, 188
Cookie ･･･････････････････････････ 100
CPA ･･････････････････････････････ 233
CPC ･･････････････････････････････ 233
CPE ･･････････････････････････････ 238
CPF ･･････････････････････････････ 238
CPI ･･･････････････････････････････ 237
CPM ･････････････････････････ 92, 235
CPV ･････････････････････････ 134, 237
CTR ･･････････････････････････････ 234
CVR ･･････････････････････････････ 234
DSP ･･････････････････････････････ 94
eCPM ････････････････････････････ 235
Facebook広告 ･･････････････････････ 196
Google AdWords ･･････････････････ 22
Google Analytics ･･･････････････ 22, 224
Google Web Designer ･････････････ 114
O2O ･････････････････････････････ 186
PMP ･････････････････････････････ 108
PPC広告 ･･･････････････････ 12, 119, 144
PPV ･･･････････････････････････････ 91
PV ･･･････････････････････････････ 239
ROAS ････････････････････････････ 235
ROI ･･･････････････････････････ 22, 236
RSS広告 ･･････････････････････････ 160
RTB ･･････････････････････････････ 91
SEM ･････････････････････････ 57, 139
SEO ･････････････････････････ 57, 140
SNS広告 ･･････････････････････ 188, 192
SSP ･･･････････････････････････････ 94
Twitter広告 ･･･････････････････････ 194
UCE ･･････････････････････････････ 74
UU ･･･････････････････････････････ 239
Web制作会社 ･･･････････････････････ 57
Webメディア ･･････････････････････ 53

■ あ行

アーンドメディア ･････････････････････ 63
アイコン広告 ･･･････････････････････ 183
アウトストリーム広告 ･･････････ 132, 136
アクセスログ解析ツール ････････ 22, 224
アドエクスチェンジ ･･････････････････ 91
アドサーバー ････････････････ 82, 86, 125
アドテクノロジー ････････････････ 56, 80
アドネットワーク ･････････････ 82, 88, 91
アドフラウド ･･･････････････････････ 104
アドベリフィケーション ･･････････････ 105
アトリビューション ････････････････ 217
アフィリエイト広告 ･･････････････････ 148
アプリ1ダウンロードのコスト ･････････ 237
アプリ内広告 ･･･････････････････････ 182
インアド型 ･････････････････････････ 170
インストリーム広告 ･･････････････････ 132
インタースティシャル広告 ･･･････････ 130
インターネット視聴率調査会社 ････････ 58
インフィード型 ･････････････････････ 168
インプレッション ････････････････････ 10
インプレッション保証型 ･･････････････ 116
インライン広告 ･････････････････････ 180
運用型広告 ･･････････････････････ 43, 81
エクスパンド広告 ･･･････････ 19, 115, 128
エンゲージメント1件の獲得コスト ･････ 238
オウンドメディア ･････････････････････ 63
オーバーレイ広告 ･･･････････････････ 181
オファーウォール型広告 ･････････････ 183
オプトイン/オプトアウト ･･････････ 74, 244
オプトインメール広告 ･･･････････････ 158
オムニチャネル ････････････････････ 242

■ か行

カスタム型 ･････････････････････････ 171
キーワードプランナー ･･････････････ 15, 207
期間保証型 ････････････････････････ 118
クリックあたり単価 ･････････････････ 14, 233
クリック課金型広告 ･･････････････････ 12

クリック課金方式・・・・・・・・・・・・・・・・・・89	ノーリファラー・・・・・・・・・・・・・・・・・・・240
クリックスルー率・・・・・・・・・・・・・・・・234	
クリック保証型・・・・・・・・・・・・・・・・・・116	

は行

クロスメディア・・・・・・・・・・・・・・・・・・・65	バッジ広告・・・・・・・・・・・・・・・・・・・・・121
ゲーム内広告・・・・・・・・・・・・・・・・・・・165	バナー広告・・・・・・10, 115, 120, 121, 182
検索連動型広告・・・・・・・・・・・・・80, 143	ビューアビリティ・・・・・・・・・・・・・・・・105
広告視聴1回あたりのコスト・・・・・・・・237	ビュースルー・コンバージョン・・・・・・・217
広告代理店・・・・・・・・・・・・・・・・52, 209	フォロワー1件の獲得コスト・・・・・・・・・238
広告費1円あたりの売上・・・・・・・・・・235	ブランドセーフティ・・・・・・・・・・・・・・105
行動ターゲティング・・・・・・・・・・17, 101	フルスクリーン広告・・・・・・・・・・・・・・183
顧客獲得単価・・・・・・・・・・・・・・・・・233	フロアプライス・・・・・・・・・・・・・・・・・・93
コンテンツサーバー・・・・・・・・・・・・・・86	フローティング広告・・・・・・・・・115, 131
コンテンツ連動型広告・・・・・・・・81, 146	プロモーション戦略・・・・・・・・・・・・・206
コンバージョン・・・・・・・・・・・・・・・・・・・9	プロモートリスティング型・・・・・・・・・170
コンバージョン率・・・・・・・・・・・・・・・234	ペイドサーチ型・・・・・・・・・・・・・・・・・169
	ペイドメディア・・・・・・・・・・・・・・・・・・63
	ページビュー・・・・・・・・・・・・・・・・・・239

さ行

ま行

純広告・・・・・・・・・・・・・・・・・・・・44, 87	未承諾メール・・・・・・・・・・・・・・・・・・・74
商品リスト広告・・・・・・・・・・・・・・・・・150	メール型広告・・・・・・・・・・・・・・・・・154
新規セッション率・・・・・・・・・・・・・・・240	メディアミックス・・・・・・・・・・・・・・・・65
スカイスクレーパー広告・・・・・・・・・・・121	メディアレップ・・・・・・・・・・・・・53, 209
スマポ・・・・・・・・・・・・・・・・・・・・・・・187	
スマホ広告・・・・・・・・・・・・・・・・・・・176	

や行

成果報酬型・・・・・・・・・・・・・・・・・・・118	ユーザー行動・・・・・・・・・・・・・・17, 59
セカンドプライスビッディング・・・・・・・・93	ユニークユーザー・・・・・・・・・・・・・・239
セッション・・・・・・・・・・・・・・・・・・・239	予約型広告・・・・・・・・・・・・・・・・・・・43

た行

ら行

ターゲット設定・・・・・・・・・・・・・・・・204	リアルタイム入札・・・・・・・・・・・・・・・91
ターゲティング・・・・・・・・・・8, 16, 126	リーチ・・・・・・・・・・・・・・・・・・・・・・237
ターゲティングメール広告・・・・・・・・・158	リスティング広告・・・・・・・・・・・・・・・170
第三者配信・・・・・・・・・・・・・・・・・・・・98	リターゲティング広告・・・・・・17, 101, 102
直帰率・・・・・・・・・・・・・・・・・・・・・・240	離脱率・・・・・・・・・・・・・・・・・・・・・・241
追跡型広告・・・・・・・・・・・・・・・・・・・・17	リッチメディア広告・・・・・・・・・115, 128
ディスプレイ広告・・・・・・・・・・・・・・・115	リピートセッション数・・・・・・・・・・・・240
テキスト広告・・・・・・・・・・・・・・・・・137	リファラー・・・・・・・・・・・・・・・・・・・240
動画広告・・・・・・・・・・・・・・・・・・・・132	リワード広告・・・・・・・・・・・・・・・・・178
投資収益率・・・・・・・・・・・・・・・・・・236	レクタングル広告・・・・・・・・・・・・・・・121
トリプルメディア・・・・・・・・・・・・・・・・63	レコメンドウィジェット型・・・・・・・・・・169
	レスポンシブデザイン・・・・・・・・・・・・114

な行

ネイティブ広告・・・・・・・・・・・・・・・・168	ローテション型広告・・・・・・・・・・・・・125
ネット広告推進協議会・・・・・・・・・・・・47	
ネット広告測定・・・・・・・・・・・・・・・・・59	

著者紹介

佐藤 和明（さとう かずあき）

大学在学中より、ライターおよび編集に従事。卒業後に出版社数社とデジタルコンテンツ会社、フリーを経て、有限会社アートオリエントを設立。現在、四国大学経営情報学部准教授、Webマーケティング関連の書籍の執筆およびWebプランナーを務める。研究テーマのキーワードは「デジタルマーケティング」で、「わかりやすさ」をモットーに業務に従事。青山学院大学大学院 社会情報学研究科博士後期課程在学中。二級知的財産管理技能士、Google広告認定資格を有する。

図解入門ビジネス
最新 ネット広告の基本と仕組みが
すべてわかる本

発行日	2019年 4月 5日	第1版第1刷

著　者　佐藤　和明

発行者　斉藤　和邦
発行所　株式会社 秀和システム
　　　　〒104-0045
　　　　東京都中央区築地2丁目1-17　陽光築地ビル4階
　　　　Tel 03-6264-3105（販売）　Fax 03-6264-3094
印刷所　三松堂印刷株式会社　　　　Printed in Japan

ISBN978-4-7980-5713-2 C2033

定価はカバーに表示してあります。
乱丁本・落丁本はお取りかえいたします。
本書に関するご質問については、ご質問の内容と住所、氏名、電話番号を明記のうえ、当社編集部宛FAXまたは書面にてお送りください。お電話によるご質問は受け付けておりませんのであらかじめご了承ください。